はじめに

　本書は、被災地で活動する被災者支援のためのサポーター（以下、生活支援員）の養成テキストです。2011年10月に初版が刊行され、宮城県被災者支援従事者研修の公式テキストとして作成されたのち、東北の被災地各地で活用されてきました。初版は、阪神・淡路大震災において発災当初から今日までの災害復興支援に携わった社会福祉実践者の手によって作成されましたが、今回の第3版は東日本大震災のこの間の東北被災地での実践経験が加味された内容になっています。また、本書は続編として作成された「サポーターワークブック　災害公営住宅等への転居期編」（2014年12月発行）をふまえた編集になっています。

　2016年4月14日に発生した熊本地震においても、現在の仮設住宅支援にとどまらず、最初から、その後に長く続く災害公営住宅支援を見越した支援が求められます。各地域の状況変化に合わせて、柔軟にご使用いただきますようお願いします。

　また、本書は地域生活支援として、個別支援と地域支援を統合した演習プログラムを採用しています。被災者支援に限らず、一般的な地域生活支援演習としてもご活用いただけるものと思っています。宮城県では、改正介護保険によって創設された生活支援コーディネーター養成研修の中の「地域福祉コーディネート基礎・実践研修」のテキストとしても活用しています。

　長い期間を要する社会福祉における災害支援には、専門職とともに民生委員・児童委員や住民リーダー、ボランティア等による、地域支え合いのまちづくりの取り組みがたいせつです。したがって、本書をサポーター養成の入門書としてだけでなく、地域包括支援センター等の地域で活躍する専門職の地域生活支援研修、地域住民・他地域から支援に入っているＮＰＯ・ＮＧＯ等の地域支え合い研修にも活用いただければ幸いです。そのような共通研修を通して、地域福祉のネットワークづくりなど、震災復興のまちづくりに寄与する地域福祉人材が養成されることを期待します。

　なお、本書を使った演習を具体的にイメージでき、より多くの方が自己学習を各地域や団体・職場での研修が実施できるように、本書のサブテキストとして使える『サポーターワークブック読本』があります。こちらのURL（http://www.clc-japan.com/）から閲覧することができます。

　本書と合わせて活用いただきますようお願いいたします。

2016年10月

東北関東大震災・共同支援ネットワーク
熊本地震・共同支援ネットワーク
サポーターワークブック編集委員会
編集委員長　藤井　博志
（神戸学院大学 教授）

【本書の見方・使い方】

1．本書の使用目的

①本書は、各種の制度で設置される仮設住宅における「仮設住宅および被災地における被災者への生活を支援する者」（以下、サポーターと呼ぶ）の初任者研修用テキストです。
②サポーターが所属する各自治体、組織での集合研修やOJT（職場内研修）用として活用してください。
③ケアマネジャーや民生委員・児童委員等生活相談に携わる方への地域生活支援入門の演習テキストとしても活用できます。

2．本書の対象・内容

①本書の対象者は初任のサポーターですが、被災地の実情から、基礎的な社会福祉知識を有している者でなく、一般住民、被災者の方々がサポーター任務に就くことを想定して作成しています。また、民生委員・児童委員をはじめ、住民リーダーの方々にも演習できるテキストとして作成しています。
②したがって、本書の内容は、サポーターの入門研修として、理論よりも、「演習を通じてポイントを学ぶ」方法を採用しています。また、その意味では、ポイントだけを読めば、活動の要点をたえず振り返えられるように工夫しています。
③学習を深めるにあたっては、社会福祉の入門テキストを併用されることをおすすめします。本書のサブテキストとして『サポーターワークブック読本』を発行しています。本書の副読本として、また、演習講師用教材として併せてご活用ください。

3．本書の見方

①本書は全体で6単元で構成されています。6単元の関係は図（5頁）をご覧ください。
②単元ごとに「学習のねらい」が書かれています。この欄を読んで、学習内容を押さえておきましょう。
③各項目（1．2．3…）ごとに項目での学習の内容を簡単に解説しています。ここだけを読んでも、社会福祉としての支援の意味がわかってきます。
④項目ごとの演習
　項目ごとに「演習」が設定されています。まず、演習を通じて体験的に学びましょう。
⑤単元、項目ごとの「ポイント」「コラム」「参考」
　各単元、また項目ごとに「ポイント」を掲載しています。「ポイント」は活動の要点になるものです。「コラム」「参考」は社会福祉援助の要点をやさしく解説しています。各単元の理解を深めたり、これだけ読んでも社会福祉理解の助けになります。
⑥用語集
　本書の中に出てくる基礎的な社会福祉関係用語を、テキスト中や巻末に載せています。本文中に＿＿がある用語は77頁に解説があります。

【本書におけるサポーターとは】

1 東日本大震災では

東日本大震災においては、応急仮設住宅やみなし仮設※、在宅避難者、当該市町村外・県外に避難している被災者の生活を支援するサポーターは、さまざまな機関に多様な形で配置されています。

【岩手県・宮城県・福島県／3県共通】

岩手県・宮城県・福島県の3県共通で配置されたのは、以下のとおりです。

■ライフサポートアドバイザー（LSA・生活援助員）： 大規模な仮設住宅に併設されるサポートセンター（介護等サポート拠点）に配置。生活援助や専門相談、心のケアなどにつなぐ活動を行います。サポートセンターのない近隣の小規模仮設住宅団地や在宅避難者などへの巡回相談も活動範囲としているところもあります。サポートセンターは、3県に約120か所整備されました。

■生活支援相談員： 被災地の市町村社会福祉協議会に配置され、仮設住宅やみなし仮設、在宅避難者、当該市町村外に避難している被災者などを訪問し、困りごとの各種相談や情報提供を行うほか、地域住民の交流活動や助け合い活動を支援します。市町村社会福祉協議会には、生活支援相談員への助言・相談等の統括業務のほか、関係団体や機関との連携協働をすすめる役割、災害ボランティアのコーディネート等の業務を行う復興支援コーディネーターやリーダー、エリア主任などが配置されているところもあります。また、県社会福祉協議会には、各市町村で活動する復興支援コーディネーターや生活支援相談員への助言や相談等の業務に携わる復興支援員や統括生活支援相談員などが配置されているところもあります。

■復興支援員：被災者の生活支援や見守り、地域おこし活動の支援、ビジョンの作成などの「復興に伴う地域協力活動」を通じて、コミュニティの再構築を図る活動を行います。岩手県・宮城県・福島県ともに、「いわて復興応援隊」「みやぎ復興応援隊」「ふくしま復興応援隊」として活動しています。

【各県・市町村独自】

3県共通のもののほかに、緊急雇用対策等を活用して、各県・市町村が地域の特性を活かして独自に配置した多様な名称のサポーターがいます。

福島県は、2014年9月、東京電力福島第一原子力発電所事故による避難者向け復興公営住宅を支援するために、「コミュニティ交流員」を配置しています。

2 熊本地震では

熊本地震においては、東日本大震災で設置された「サポートセンター（介護等サポート拠点）」と「生活支援相談員」の機能を合わせもった「地域支え合いセンター」が配置されました（111頁参照）。

3 一般的な地域生活支援（平時）においては

地域生活支援に携わるさまざまな専門職や民生委員・児童委員、住民リーダー、ボランティア等も「サポーター」として想定しています。

※みなし仮設についての説明は11頁を参照

標準的な研修プログラム ＜目次＞

※各時限の時間はおよその時間を示しています

1日目

あいさつ・説明 9:30～10:00
●サポーター等の制度・しくみの理解

1限目 10:00～12:30

単元1 サポーター活動の理念と目標・役割 ……… 6
- ねらい1　被災者支援活動に携わるサポーターとしての活動理念を考える
- ねらい2　被災者支援におけるサポーターの目標と役割について学ぶ

単元2 被災者の暮らしの変遷と生活課題 ……… 9
- ねらい1　現在の被災者の「生活の場」を知る
- ねらい2　今後の被災者の暮らしや生活課題をイメージする
- ねらい3　仮設住宅での生活の変化と支援活動の移り変わりを、阪神・淡路大震災や東日本大震災の事例を通して学ぶ

2限目 13:30～15:50

単元3 支援を必要とする被災者の理解とサポーターが行う具体的支援 ……… 22
- ねらい1　支援を必要とする被災者を取り巻く環境を知る
- ねらい2　支援を必要とする被災者を知る
- ねらい3　支援を必要とする被災者がふだん使っている資源を知る
- ねらい4　支援を必要とする被災者とサポーターはどのようにかかわればよいかを知る
- ねらい5　サポーターが行う"地域とつながる"ための支援を学ぶ

振り返り 16:00～16:30
●1日目の振り返り

2日目

1限目 9:30～12:30

単元4 被災者との信頼関係の育み方と実態把握の方法 ……… 30
- ねらい1　被災者宅を訪問するときの心得、被災者との信頼関係のもち方を学ぶ
- ねらい2　社会的孤立を防ぐための被災者理解と地域の関係を知る方法を学ぶ
- ねらい3　被災者のプライバシーを守る心得を学ぶ
- ねらい4　ひとりで抱え込まない、燃え尽きないための心得を学ぶ

2限目 13:30～15:50

単元5 住民同士の支え合い活動を支援する方法 ……… 45
- ねらい1　住民同士の支え合い活動とその必要性について学ぶ
- ねらい2　ふれあい交流活動の方法を学ぶ
- ねらい3　ふれあい交流活動を継続するための方法を学ぶ
- ねらい4　仮設住宅から災害公営住宅等への転居に向けた協力関係について知る

振り返り 16:00～16:30
●2日目の振り返り

3日目

1限目 9:30～12:30
2限目 13:30～15:00

単元6 住民による見守り活動の方法と関係機関・団体との連携 ……… 69
- ねらい1　被災者同士や近隣住民による見守り・支え合いの意義と方法を学ぶ
- ねらい2　住民による見守り・支え合いと専門職との連携について学ぶ
- ねらい3　被災地域、仮設住宅周辺の地域の情報を知る方法を学ぶ
- ねらい4　いざというときの対処の方法を学ぶ

振り返り 15:10～16:30
●研修の振り返り・これからの活動に向けて

メッセージ ＜サポーターを孤独にしないで＞ ……… 76
福祉を理解する基本用語 ……… 77
サポーター活動のための記録様式・参考資料 ……… 79

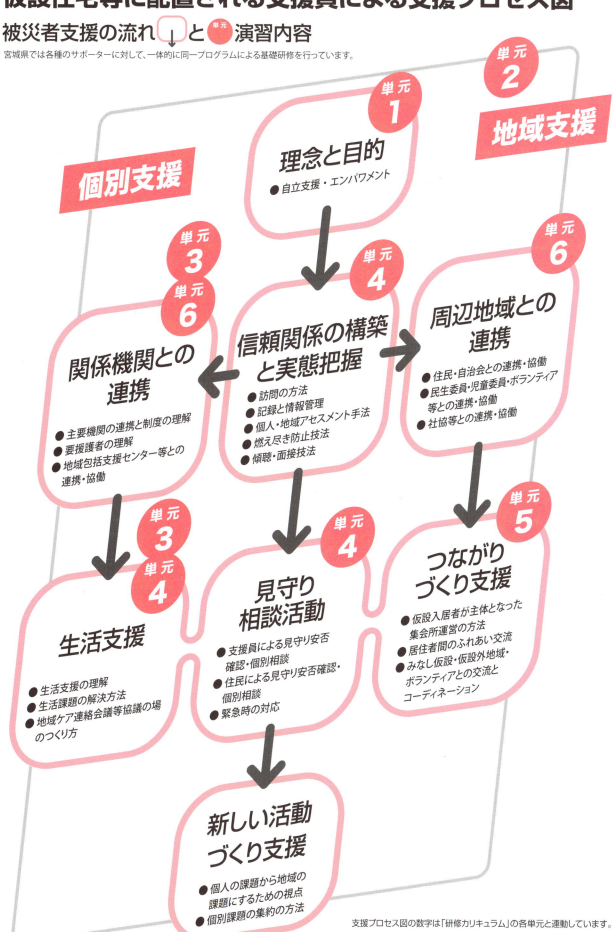

単元1 サポーター活動の理念と目標・役割

> **ねらい**
> 1　被災者支援活動に携わるサポーターとしての活動理念を考える
> 2　被災者支援におけるサポーターの目標と役割について学ぶ

1　サポーター活動の理念を考えてみる

　これからの支援活動では、サポーターにとって楽しいことやうれしいこと、逆に悲しいことやつらいこと、悩むことも起こります。「理念」というと何かたいへん難しいように思われますが、活動の中で起こるさまざまな場面で、**支援の方向性を見失わないための羅針盤**になるものであり、悩んだときの次の手立ての動機づけや指針になるものです。その意味から「理念」とはほかから提示されるというよりも、サポーター一人ひとりが自分なりにイメージすることが大切です。さらに、被災者支援に携わる関係者で共有することが必要です。

演習 1　サポーター活動の理念と目標・役割を考えてみましょう

●サポーターの仕事で、自分が大切にしようとしていること、または現在大切にしていることを箇条書きにしてみましょう。

★ _____
★ _____
★ _____
★ _____

●グループで発表し、箇条書きした内容をキーワード（一語）化しましょう

| キーワード | キーワード | キーワード | キーワード |

☆出されたキーワードを集めて整理すると、サポーター活動における理念的なものが見えてきます。

> **学びのポイント**
> - 一人ひとりが自分なりにイメージすることが大切です。
> - サポーターだけで被災者支援はできません。携わる関係者間で協議・確認し、共有することが必要です。

② サポーターの目標と役割について学ぶ

　被災地の復興とは、被災者一人ひとり（すべての人）の生活を再建・復興することが最終目標といえます。また、元に戻すという「復旧」ではなく、被災以前よりも住民の<u>生活の質</u>やまちの機能や活力を高めるという「復興」が求められています。

　サポーターの役割は、訪問活動等を通じて被災者の生活課題や福祉課題を把握し、支援を必要とする人が、必要なサービスを利用できるような相談や調整、つなぎを行うことです（**個別支援**）。さらに、住民リーダーとともに交流活動等を活発にし、被災者の生きがいや豊かな人間関係を生み出す支援を行います（**地域支援**）。

　このような活動により、被災生活の生活の質を高めることを通じて、被災者一人ひとりの生活意欲を引き出し、生活再建・復興の取り組みをサポートすることが目標です。

《被災者支援の目標》
1）被災者一人ひとりの生活再建・復興

↓

《サポーターの目標》
2）被災生活における生活の質を高めること
①孤立を防ぐ／生活不活発病を防ぐ
②生きがいを育む
③豊かなかかわりを生み出す

← **《サポーターの役割》**
・生活・福祉課題の把握
・被災者への相談・調整等（個別支援）
・住民が行う交流活動への支援
　（地域支援）

> **ポイント1**
> - 被災者の「生活再建・復興」には、福祉だけでなく生活全般の支援が必要です。
> - 被災生活（仮の住まい）ではありますが、そこには、一人ひとりの生活（暮らし）があります。
> - 被災生活の質を高めることは、被災者の生活再建や復興に向けての意欲向上につながります。

※生活不活発病：災害や外傷で安静にするなどをきっかけに、外出が減ったり座りっぱなしになり、生活が不活発になって、筋力や心肺、消化器などの機能が落ちる状態。歩行困難やうつ状態になることもある。筋力低下は、さらに不活発な生活の原因となり悪循環に陥る。特に高齢者の運動不足は「ねたきり」の要因となりやすいので注意が必要である。

参考

被災地・仮設住宅にかかわるサポーターの理念・目標・役割

　被災地・仮設住宅にかかわるサポーターの理念や役割は、サポーターを設置する国・県・市町村の制度や所属する組織の方針によって違いますが、おおむね次のようなことが期待されています。

◆理念・目標

　被災者の自立した生活を、被災者、地域、関係機関とともに支えながら、被災者自身が孤立しない、ともに生きる地域づくりを行う支援をめざします。

> **仮設住宅での活動のモットー**
> みんなで力を合わせて、安心・安全、楽しい地域（仮設住宅）づくり
> ひとりの孤立死も出さない地域（仮設住宅）づくり

◆具体的な基本（重点）活動

（個別支援）…被災者一人ひとりの生活に寄り添う支援
1. 訪問を通じた居住者の生活・福祉課題の解決へ向けた支援
2. 友だち（仲間、知り合い）づくり支援
3. 役割り、生きがいづくり支援など

（地域支援）…被災者を孤立させない、ともに助け合う地域づくりへの支援
1. 居住者による自治会組織の立ち上げ支援
2. お茶会・ふれあいサロンなどの居場所づくり支援
3. 安否確認・声かけ・見守り活動支援など

> **自立支援とは**
> 自立支援には、経済的自立、身体的自立への支援もありますが、最も重要なのは、地域社会との関係の中で、他者の生き方も尊重しながら、自分の生き方を決めていける力がもてるように支援していくことです。

◆支援にともなう基本的スタンス

1. 居住者の生活・福祉課題の解決、自立に向けて寄り添った支援を行う。

　　　　　　　　　　　　　　　　　　　　　　　　　　　【自立へ向け、寄り添った支援】

2. 居住者の主体的な取り組み、自治活動の支援をめざす。

　　　　　　　　　　　　　　　　　　　　　　　　　　【住民主体・住民参加の活動支援】

3. 居住者間のつながりづくり、友だちづくり（仲間）を意識的に行う。

　　　　　　　　　　　　　　　　　　　　【出会い・つながり・友だちづくりのきっかけづくり】

4. 自治会やお茶会の運営、見守り、支え合い活動のお世話、協力できそうな人の掘り起こしを意識的に行う。

　　　　　　　　　　　　　　　　　　　　　　　　　　　　　　　【世話役の掘り起こし】

5. 何らかの支援が必要と思われる人でも、持ち味、特技、経験等を生かして、役割を見つけ、担っていただく。各人の出番づくりを意識的に行う。

　　　　　　　　　　　　　　　　　　　　　　　　　　　　　　　【役割・出番づくり】

6. 仮設住宅や被災地支援にかかわっている関係機関、地域の支援者との情報共有により連携と協働を大切にする。

　　　　　　　　　　　　　　　　　　　　　　　　　　　【情報の共有と連携・協働】

単元2 被災者の暮らしの変遷と生活課題

ねらい

1. 現在の被災者の「生活の場」を知る
2. 今後の被災者の暮らしや生活課題をイメージする
3. 仮設住宅での生活の変化と支援活動の移り変わりを、阪神・淡路大震災や東日本大震災の事例を通して学ぶ

1 現在の被災者のおもな「生活の場」を考える

被災者は、避難所から仮設住宅等の新たな生活の場にほぼ移っていきます。その生活の場の環境によって、支援内容や支援のウエイトが異なってきます。

避難所から仮設住宅等に移り、一定の「住まい」が確保された状況では、「生活の場」は、おもに3つの形態に区分されます。

①仮設住宅に居住	②民間賃貸住宅に居住（みなし仮設※）（家賃補助）（市町村外・県外）	③被災以前と同じ住まいに居住

①〜③のそれぞれ区分で、被災者の生活に及ぼす事柄は？

●知り合いが少ない・いない　周辺地域の情報が少ない ●設置場所や周辺地域の状況はさまざま（周辺環境により生活課題は異なってくる）	●知り合いが少ない・いない ●周辺地域の情報が少ない ●周辺地域の被災は比較的少ない	●周辺地域の被災状況や従来の地域活動（コミュニティ）の状況が影響（周辺環境により生活課題は異なってくる）

①〜③の「住まい」の区分により支援における考慮すべき事柄

居住者間の交流 地域との交流・融和	地元情報の提供 地域との交流・融和	地域活動や関係の再生

※みなし仮設についての説明は11頁を参照

ポイント1

- 現在の被災者の「生活の場（住まい）」は、仮設住宅をはじめ多様です。
- 「生活の場」の状況・環境によって被災者の生活課題は変わります。
- サポーターの支援についても、「生活の場」に応じた対応が必要です。

2　被災者の暮らしや生活課題の移り変わりを考える

　被災者の暮らしは、時間の経過とともに変化します。それにともない、被災者が抱える生活課題も変化するとともに、被災者一人ひとりの状況により個別的になっています。

　サポーターとして効果的な支援を行うためには、このような時間の経過にともなう変化をふまえた対応が求められます。

演習1　被災者の暮らしの変遷と生活課題について考えてみましょう

●仮設住宅や被災地での、今後の生活の変化やそれにともなう居住者の生活の悩み（課題）を出し合ってみましょう

生活の変化	生活の悩み・課題	対応策	役割分担
・	・	・	

＊想像力を発揮して、可能な限り出し合いましょう。なお、変化は悪いことばかりではありません。

> 参考

みなし仮設（民間賃貸住宅借り上げによる応急仮設住宅）の課題

　震災などで住居を失った被災者が、民間事業者の賃貸住宅を仮の住まいとして入居した場合、一定の条件下においてその賃貸住宅が「応急仮設住宅」に準ずるものとして認められ、家賃や敷金・礼金・仲介手数料などが国庫負担となるしくみがあります。これが、通称「みなし仮設」「借り上げ仮設」「民賃」などと呼ばれるものです。
　以下に、東日本大震災におけるみなし仮設での生活課題をあげておきます。

■情報が少ない

- 行政やNPOからの支援情報が届かない。
- 被災された人同士の情報交換の場がない。
- 各種被災関係の申請について、手続きの情報がないまま申請期限が来てしまうのではないかという不安感。
- パソコンやインターネットを利用する経済的余裕がない。

■孤独感・孤立感への不安

- 市町村外や県外から引越してきたことで知り合いが少なく、ひとり暮らしの人は会話をしない日がある。
- 体調が悪い状態が続き、外出ができずに相談する相手もなく孤立感がある。
- 県外や県内でも遠方に避難すると、生活支援相談員の訪問が受けられないことがある。

■土地勘がない

- 市町村外や県外から引越してきているため、外出したくても移動方法がわからない。
- 略した地図では、自分の家と施設や関係機関などとの位置関係がわからない。

■原発の避難者との格差と偏見

- 津波で家屋を失った世帯と原発で避難してきた世帯とは背景や支援の内容が違う。

■みなし仮設の申請先（市町村）による対応の相違

- それぞれの自治体により、みなし仮設に対する情報提供や支援内容、対応の時期が違う。

■支援格差に対する不満

- みなし仮設が点在しているため行政やNPOの支援を受けにくく、一般の仮設住宅との支援格差に不満やおいてきぼり感で憤りを感じている人が多い。

■被災者への偏見

- 民間賃貸住宅を仮設住宅として住んでいることについての世間や被災者同士の偏見でつらい思いをし、今後に不安が多く悩んでいる。
- 行政から支援を受けていることへの偏見があり、知られたくない。

仮設住宅の生活の変化と支援活動の移り変わりについて、阪神・淡路大震災の事例をもとに考える

　東日本大震災と阪神・淡路大震災では、被災状況や被災内容、さらには復興支援施策の状況などに相違点があります。しかし、阪神・淡路大震災の被災者生活の変化やそれにともなう支援活動の移り変わりを学ぶことは、今後のサポーター活動をすすめるうえで参考になります。

　阪神・淡路大震災における仮設住宅への入居は、高齢者や障害者に対する優先が一部に見られましたが、原則抽選により決定されました。そのことによって、知り合いがいない、土地勘がないなどから生じる生活課題が生まれました。

　仮設住宅入居期においては、サポーター等の被災者支援に携わる人材の配置は行われず、災害公営住宅※へ移行後、復興相談員※や情報サポーター、さらにはLSA（生活援助員）※などの配置が行われました。

　一方、大規模仮設住宅（当初100戸以上、のちに50戸以上）に、住民のつながり・交流活動（地域支援活動）を促進する目的で「ふれあいセンター」が設置されるとともに、センターの運営や事業にかかる経費が、復興基金より助成されました。センターの運営については、おもに、仮設住宅居住者の自治組織や地区社協、ボランティア団体等により、運営委員会が組織されました。ただ、自治体により運営組織の構成や支援体制はさまざまでした。

コラム

支援を必要とする被災者とのコミュニケーションと同様に、支援チーム内でのコミュニケーションも大切！

　サポーターは被災者とのかかわりの中で、多くのことを学びます。それを別の被災者に生かすことも重要ですが、支援チーム内でサポーター同士が情報を共有し、支援のノウハウを蓄積していきましょう。

　支援チーム内で正確な情報の共有がなされていることは、被災者が別々のサポーターに"何度も同じことを言わなくてもいい"ということになります。これは些細なことのようですが、とても重要なことです。「何度も同じことを言わされる」「何回も同じことを聞かれる」とうんざりします。なにしろ聞かれることは"楽しいこと"ばかりではないのですから。

　正確な情報の共有につとめ、被災者の情報、支援で得たノウハウなどを蓄積し、みんなでアイディアや工夫ができる下地を支援チームの中でつくっていきましょう。

※災害公営住宅：災害公営住宅とは、災害により住宅を失い、自ら住宅を確保することが困難な人に対して、地方自治体が国の補助を受けて整備する住宅。おもに仮設住宅から生活課題を抱える人などが移り住む。災害公営住宅を経て、恒久住宅へと移り住む場合も多い。復興住宅ともいう。
※復興相談員：阪神・淡路大震災において、兵庫県の復興施策で配置された。災害公営住宅を訪問して個々の住民の生活支援などを行う。
※LSA（生活援助員・ライフサポートアドバイザー）：住民からのさまざまな相談を受け止め、軽微な生活援助のほか、専門相談や具体的なサービス、心のケア等につなぐなどの業務を行う者。阪神・淡路大震災では、仮設住宅でその必要性が認識されるようになりました。

表1　被災者の生活状況の変化とサポーター活動のポイント

	仮設住宅や居住者の変化と課題		支援活動の内容・ポイント
◎初期（入居〜半年）	**情報の不足による不安が発生する** ・被災者支援に関する情報 ・生活関連（周辺地域含む）情報 **生活課題が表面化し始める（特に訪問活動を通して把握）** ①個人および世帯状況に起因するもの ②仮設住宅の特性に起因するもの ③その複合 **多様な訪問者（活動）による入居者の訪問者疲れと混乱（伝達不足や入居者の勘違い等）** ・サポーター（生活支援相談員等） ・専門機関（地域包括支援センター、行政の保健・住宅関連部局、警察等） ・被災者支援団体（ボランティアグループ　NPO等） ・民間業者（新聞等）	A	**仮設居住者の実態把握** ◆居住者個々の生活状況および生活課題の把握 ◆居住者を支援の必要度合いにより区分け ◇コミュニティづくりのための人材リサーチ **生活課題（共通）の把握と対応** ◆情報提供 ◆住環境改善 ◆日常生活の不便さ（買い物・医療・交通等）への支援 ◇緊急の個別支援対応 **支援者間の調整と支援のための組織化** ◆専門機関（地域包括支援センター、行政の保健・住宅部局、警察、社協）等とのケア連絡会 ◇支援者地区連絡会議（住民、民生委員・児童委員、ボランティア等）
◎中期（半年〜2年）	**個々のつながり度合いの差が顕著になってくる** ・交流活動等に参加する人、しない人 　→"閉じこもり"のリスクが増大 ※住民交流活動や自治会活動等がなければ、さらにリスクが増大 **入居者間で生活再建の格差が表れ始める** ・心理的不安、生活意欲の低下 　→アルコール依存、うつ、虐待（DV）、詐欺被害のリスクが増大 **入居者間のトラブル発生リスクが高くなる** ・生活上の近隣トラブル（騒音・ごみ等） ・集会所・談話室利用や交流活動等におけるトラブル ＊格差（違い）の表れにより、お互いさま（共通）という視点が薄くなる **仮設住宅と近隣地区との関係が微妙になる** ・周辺地域の支援疲れや支援内容の差などによる	B	**住民交流活動の企画・実施または協力・調整** ◆居場所づくり ・つながり、閉じこもり防止、生きがいづくり ・効果的な見守り・ニーズ把握の方法として ・専門機関、ボランティア団体活動の現地拠点 ◇可能な限り、多様な関係者の協力を得て実施 ◇自治組織（コミュニティ）や集会所・談話室運営組織づくりへの協力 **近隣地区との関係づくり** ◆交流活動の協働実施、支援活動への参加
		C	**組織的な見守り活動の強化（ニーズの把握）** ◆サポーターによる訪問活動 ◆民生委員・児童委員による訪問活動 ◇入居者間（近隣）の見守り活動 ◆交流事業等を通しての見守り活動 ・地域団体・ボランティア団体との連携 　↓ ◆仮設住宅支援関係者会議

※上記の「支援活動の内容・ポイント」のA〜Fは15頁の図1に対応しています。

仮設住宅や居住者の変化と課題		支援活動の内容・ポイント	
◎後期（2年以降）	**時間経過にともなって入居者および世帯状況の変化による新たな生活課題が発生する** ・身体的機能の低下 　→生活支援、介護サービスの対象に ・複数人世帯から単身世帯の増加 　→見守りニーズが増大 **空き室が増加し始める（自主再建、福祉施設入所等により）** ・防犯リスクが増大 ・入居者間の支え合い機能が低下し始める 　自治組織、自主活動グループが維持困難になる ＊高齢者等の自主再建が困難な人だけが残る **取り残され感がさらに増大する** ・生活意欲の低下→身体的機能にも影響 **災害公営住宅等の新たな生活への不安が生じ始める** ・情報の不足や見通し **災害公営住宅等への引越し支援ニーズが高まる** ＊高齢者や障害のある人	C	**居住者の役割・生きがいづくりの支援** ◆居住者同士の交流事業の展開 　役割づくり＝　生きがいづくり ◆多様な連携・協働による交流・支援活動実施 ◇自治組織や集会所・談話室運営組織の運営・活動への支援（サポーターの補完的役割） ＊居住者の自主的な活動力の低下が予想される
		D	**専門職による支援強化（見守り・相談）** ◆支援困難な人へのチーム対応 ◆専門職（法律・労働・医療等）による出張相談
		E	**転居先のフォローアップ** ◆転居先での生活状況の把握 ◆転居先の関係機関との連携（情報提供等） ◆引越し支援等の個別的支援
◎災害公営住宅	**情報の不足による不安が発生する** ・被災者支援に関する情報 ・生活関連（周辺地域含む）情報 **住宅になじめない、知り合いや話し相手がいない** →　閉じこもり　→アルコール依存、うつ、虐待（DV）、詐欺被害等 ＊特性として、建物の機密性が高く入居者とのかかわりがもちにくい。比較的高齢者（経済的要因含む）の入居率が高い **災害公営住宅の自治組織が未組織で、交流事業等を実施する組織がない** ＊仮設住宅時と比べて個々の生活スタイルができている ＊生活の利便性が向上する反面、助け合いの必要性が低下しやすい	F	**災害公営住宅入居前の生活情報の提供** **災害公営住宅居住者の実態把握** **生活課題（共通）の把握と対応** ＊仮設住宅入居時と同様の活動が求められるが、軽減は可能 **支援者間の調整と支援** ◆専門機関のケア連絡会 ◆支援者地区連絡会議（住民、民生委員・児童委員、ボランティア等） ＊仮設住宅で培った仕組みを継承 **見守り・訪問や個別支援活動** ◆LSA（生活援助員）の配置 ＊仮設住宅時に比べて個別支援の比重が高くなる **住民交流活動や居場所づくり** ＊仮設住宅等における活動経験が重要に（事業実施のための方法や資源・人材のネットワーク）

（注）◆は必須事項　◇は付加または考慮すべき事項

図1 被災者の生活状況とサポーター活動の推移

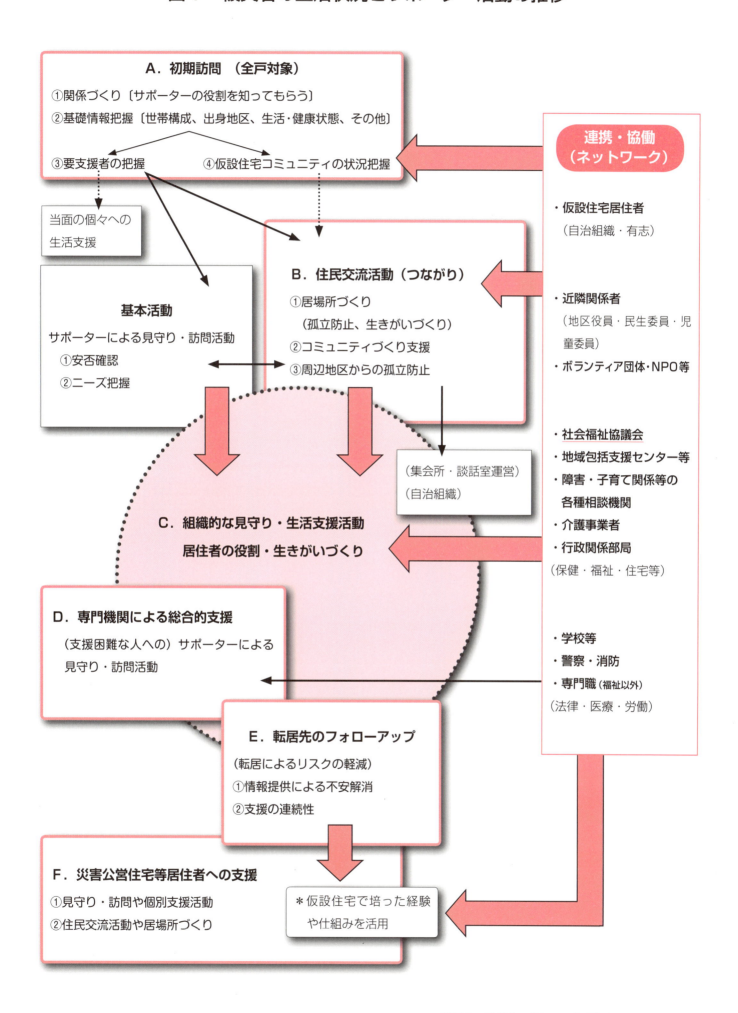

阪神・淡路大震災後に建設された災害公営住宅の中には、高齢者用のシルバーハウジングが設置され、LSA（生活援助員）が配置されました。LSAは個別支援だけでなく、住民・ボランティア・関係機関等と連携して地域コミュニティづくりに取り組み、その活動は現在でも続いています。

表2　尼崎市の災害公営住宅における取り組み

年	災害公営住宅の状況	外部ボランティア
1995 H7	**阪神・淡路大震災（1/17）** →避難所での生活→仮設住宅への入居	●炊き出し、引越ボランティア・仮設住宅ふれあいセンターでの活動
1997 H9 12月	**災害公営住宅への入居が始まる**　※高齢者を優先的に入居（LSAが配置） 【入居時の様子】住宅になじめない（話し相手がいない・閉じこもり）／周辺地域や生活情報がわからない（医療機関・スーパー・美容院・ゴミの日） 【LSAによる支援】①個別支援（安否確認・生活相談・一時的家事援助・緊急時の対応・関係機関との連携）②コミュニティづくりに役立つ支援	●仮設住宅から災害公営住宅への引越ボランティア ●災害公営住宅を対象としたボランティアグループによる遠足 ●学生ボランティアによる茶話会
1998 H10	（仮設住宅の解消）【LSAによる個別支援以外にもコミュニティ支援が必要】復興住宅コミュニティプラザ運営事業（3年間） ※コミュニティプラザ運営事業：自治会が主体となって地域交流を図るための補助金	●補助金を活用した住宅での行事開催支援（3年間）
1999 H11	市内でLSA会議が始まる（市内のLSAの情報交換・交流）	
2000 H12	**阪神・淡路大震災5年**　介護保険制度開始	復興住宅を支援するボランティアグループの減少
2001 H13	兵庫県LSA連絡会発足（県内のLSAの情報交換・交流）（入居5年）	●LSAが中心となってボランティアグループを結成し、災害公営住宅を対象とした合同遠足・新年会の開催
2002 H14	入居者の高齢化にともない、①自治会活動に支障（役員のなり手がいない、団地内の掃除を外部に依頼、住民＋ボランティアで行っていたふれあい喫茶の中止）②個別支援での課題（アルコール依存・うつ・認知症・閉じこもり等）が生じた	
2003 H15	**阪神・淡路大震災10年**	
2004 H16	（入居10年）	地域交流を目的とした住宅での季節行事の手伝い（夏まつり・もちつき等）／災害公営住宅と地域をつなぐふれあいまつりの開催（年1回）
2005 H17		
2006 H18	住民（中高年層）によるボランティアグループ→ふれあい喫茶（月1回） ／ 自治会主催の行事（以後継続）・9月敬老会・12月忘年会 ボランティア参加による秋まつり（毎年開催）住民主体のカラオケ　住民ボランティアによるイベント ／ LSAによるコミュニティ支援・健康支援・食事支援・交流事業・住宅で活動する支援者（ボランティア等）との連携　学生ボランティアによる茶話会（月1回）	
2007 H19	地域包括支援センター開始	
2008 H20		
2009 H21		
2010 H22	**阪神・淡路大震災15年**	●NPOによる災害公営住宅まつりの開催
2011 H23	**東日本大震災（3/11）**	

※枠内は継続事業

表3　新潟県中越地震における被災者生活支援活動の変遷

地震発生 2004 (H16) 年10月23日

期間	区分	内容
2004 (H16) 10月23日 〜 10月24日	VC設立	**発生直後（10/23）** ・長岡市役所会議室で情報収集 **翌日（10/24）午前** ・設立協議（長岡市・長岡市社協・ハートネットふくしま） **翌日（10/24）13時** ・長岡市社協を主体として「長岡市災害VC」正式に設立（本部：社会福祉センター）
2004 (H16) 10月23日 〜 12月末	災害復旧期	**震災発生当初（H16.10.23〜H16.10末頃）** ・余震の長期化と避難所数の増大 ・避難所の運営補助、救援物資の搬入、搬出等仕分け作業 ・日本赤十字病院のチラシ（エコノミー症候群注意喚起）の配布 **震災発生1週間後あたりから（H16.11頃〜）** ・避難勧告区域が徐々に解除 ・避難所の運営補助、救援物資の搬入等仕分け作業に加え、家屋の後片付けニーズが発生 ・避難所では被災者の気持ちを和らげるための活動 **震災発生1か月〜2か月後まで（H16.11.24〜16.12.22）** ・仮設住宅の完成 ・仮設住宅への引越し ・避難所の閉鎖
2005 (H17) 1月1日 〜	生活支援期	**震災発生2か月後から現在に至る** ・生活支援相談員の配置（H.17.1.1） ・災害復旧的な活動から生活支援を中心とした活動への転換 ・仮設住宅等入居者等への支援…見守り、相談、訪問活動、集会所等でサロン活動 ・災害ボランティアセンターの発展改組（H.19.8.1） ・生活支援事務所／復興ボランティアセンター **震災発生2か月後〜5か月後あたりまで（H.17.1〜H.17.3）** ・冬期間による積雪 ・仮設住宅地内の通路等の除雪作業
2006年 (H18) 4月 〜 2009 (H21) 2月現在	生活支援期 ＆ 地域復興再生期	**震災発生から1.5年経過** ・災害公営住宅入居開始（上除団地H18.4　長倉団地H18.11） ・災害公営住宅入居者見守り…関係機関との連携づくり ・災害公営住宅入居者と地域を結ぶ活動 ・従来活動の実施 **震災発生から2年経過（H18.10〜）** ・仮設住宅地域入居者減少（公営住宅入居、地域に戻る） ・地域再生策支援（太田地区H18.12〜） ・仮設住宅整理統合 ・再編により、従来見守り活動の再強化 ・災害公営住宅入居開始（千歳団地H19.4　H.19.7） ・災害公営住宅入居者見守り…関係機関との連携づくり **震災発生から3年経過（H19.10〜）** 仮設住宅を退去された世帯への訪問、生活動向の把握 被災者継続支援に向けた関係機関課長会議（H20.2） 退去世帯の訪問把握、集約、スクリーニング（仕分け） ⇩ 支援・地域対応の継続

平成21年2月
長岡市社会福祉協議会・長岡市災害ボランティアセンターの資料より作成

表4　東日本大震災における被災者生活支援活動の変遷（宮城県）

被災者居住ステージ			支援関係情報	震災被害状況
避難所期	2011(H23)年	3月11日 **地震および津波被害発生**		ライフライン（電気・ガス・水道）寸断
			避難所設置	道路・鉄道損壊
		3月12日〜	災害ボランティアセンター設置始まる（本格稼働は、3月20日頃から）	
				ガソリン不足で支援活動に支障
		3月末	内陸部社協から、沿岸部社協へ支援開始	ガソリン不足解消へ
		4月7日、11日 **大きな余震（震度6強、6弱）**		仙台空港再開（4.13）東北新幹線全線再開（4.29）
		4月末	仮設住宅入居始まる	
		6月初	避難所をすべて閉鎖する自治体が出てくる	
		6月末		ライフラインほぼ復旧
		7月	サポートセンター（介護等サポート拠点）開設始まる	
		8月	生活支援相談員活動開始	
仮設住宅期		9月初	宮城県サポートセンター支援事務所開設	**課題**・防災集団移転や災害公営住宅への転居が始まり、新生活への不安が高まる一方、仮設住宅への取り残され感や孤立感が高まる・災害公営住宅での孤立化（高齢化と単身化）・支援活動の減少（生活課題の未解決）・地域社会との断絶（自治会活動等の停滞）
		9月末	県内全避難所閉鎖	
		10月末	宮城県被災者支援従事者研修開始	
	2012(H24)年	9月	被災者生活支援情報紙「月刊地域支え合い情報」発刊	
		11月	広域避難者の暮らしを支え合う情報紙「つなぐ・つながる・支え合う」発刊	
	2013(H25)年	4月	災害公営住宅（復興公営住宅）入居開始	
	2014(H26)年	3月	第6期みやぎ高齢者元気プラン計画で「宮城県サポートセンター支援事務所」の活動実績を評価	
	2015(H27)年		宮城県被災者転居支援センター開設（住宅再建先の未定者に、支援員が個別訪問支援）宮城県から県外に避難した人を支援する「みやぎ避難者帰郷支援センター」を開設	**課題**・仮設住宅や借上げ民間賃貸住宅（みなし仮設）から踏み出せない世帯の生活課題の積み残し→適切な対応がなされず、仮設住宅への「取り残され感」が増大。新たな貧困問題の発生・転居先の地域社会で孤立化、ひきこもり自治会機能の停滞が常態化（役員の担い手不足）
災害公営住宅期	2016(H28)年	3月	仮設住宅閉鎖始まる仮設住宅の集約・統合始まる	
	2017(H29)年			
	2018(H30)年		災害公営住宅建設完了予定仮設住宅供与期限	
	2019(H31)年		仮設住宅解消予定	

ポイント2　現状把握と変化の予測を行いましょう

■ 被災者の生活状況は時間の経過とともに変化し、それにともなう生活課題も変化していきます。
■ サポーターは被災者の現状を把握するとともに、変化を予測しながらの支援に努めましょう。
■ 被災者個人の変化に加えて、被災者を取り巻く環境の変化にも目を向けましょう。

●現状や変化を予測するために、適宜チェックを行いましょう

（例）
・仮設住宅の特性の把握
・現段階での生活課題を予測
・住民活動や組織状況の把握
・交流活動の整理

〔参　考〕
被災者の「生活の変化」に影響を与える事柄としては以下のことがあげられます。
・行政（国、県、市町村）の震災復興施策や被災者支援策
・被災者の家族状況や関係、生活再建（経済的）状況
・被災者の身体的・精神的状況
・仮設住宅や周辺地域のコミュニティ（住民活動）の状況

●一人ひとりの変化を把握しましょう

・訪問記録表やケース記録等を整備しましょう

ポイント3　被災者の状況に応じた個別支援活動に努めましょう

■ 被災者は、年齢、世帯状況、身体状況、生活歴など、一人ひとりの生活課題は異なるということをふまえて支援をすすめましょう。
■ 被災者には認知症や障害のある人もいます。それぞれの特性の理解を深めましょう。
■ 「被災者」という共通性と、一人ひとり違った個別性があることを念頭におきましょう。

ポイント4　地域支援活動（住民同士の支え合い活動）をすすめるとともに、有効に活用しましょう

■ 被災者の生活課題は、居住者間や周辺住民との関係上で発生することがあり、良好な関係により予防・軽減される場合があります。
■ 居住者間の交流活動は、孤立防止や生きがいづくりにたいへん有効です。
■ 被災者が活動を行ううえでの役割をもつことは、その人自身の生きがいや生活意欲につながり、自立をうながします。

ポイント5　個別支援と地域支援の両方を意識しましょう

■ 被災者や仮設住宅の状況をふまえて、個別支援と地域支援の両方を意識しながらすすめることが大切です。
■ 個別支援だけでは、被災者の生活を支援するうえで限界があります。
■ 地域支援を通してサポーターや専門職の活動（個別支援）が効果的にすすめられます。

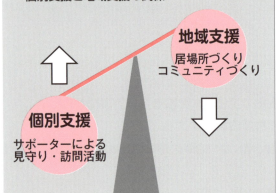

個別支援と地域支援の関係

地域支援　居場所づくり　コミュニティづくり
個別支援　サポーターによる見守り・訪問活動

◆サポーター活動における個別支援と地域支援の関係

＊サポーターの個別支援である被災者の生活・福祉課題の把握や安否確認・見守り訪問の中には近隣住民のほうが得意な分野があります。たとえば、隣人の生活の変調への早期の気づきや日常的な見守り、細かな気づかいなどです。住民の隣人としてのこれらの活動は、豊かな住民交流や支え合いの中で発揮されます。

＊サポーターは、地域支援を通じて住民が自主的につながりづくりが行えるようになると、個別支援である生活・福祉課題の把握や安否確認・見守りも近隣住民と協働した質の高い活動になっていきます。

ポイント6　さまざまな場面で、多様な人たち・機関との連携・協働を図りましょう

■ いろいろな場面で、住民、ボランティア、専門機関等との協働をすすめましょう。多様な人がかかわることで、活動の広がりや厚みが増します。
■ サポーターがひとりで抱え込まないような仕組みづくりを関係機関と連携してすすめましょう。
■ 培われた連携・協働の仕組みは、災害公営住宅等における支援にもつながります。

コラム
対応に悩んだときは、みんなで話し合おう。そして、ベストではなくベターをめざしましょう！

　時間の経過の中で個々の生活再建のすすみ方に差が生じてきます。その結果として、被災者の意識が、これまで被災者という共通性（お互いさま）に目が向けられていたものが、個別性（違い）に目が向けられる場合があります。そのことは、見守り、交流活動や自治組織づくりなどをはじめとする、サポーター活動をすすめる際に大きく影響します。また、被災者支援活動は、被災者の自立を支援することですが、活動をすすめていくと悩みも生まれてきます。たとえば、

- 物品の提供や交流事業における参加費の取り扱いなどにおいて、本当に自立支援につながるのか、逆に自立を阻害しているのではないか
- 仮設住宅等はあくまでも仮の生活であり、住民のつながりやコミュニティづくりをしても、結局復興がすすめばみんなバラバラになるので無駄ではないか

など、支援活動を行うなかで、困惑したり、葛藤する場面がいくつか生じてきます。そのときは、ひとりで悩まず関係者間で意見を出し合いましょう。支援活動には正解がない場合やベストの対応は難しい場面が多々あります。みんなでベターをめざしましょう。

コラム
被災者の生活支援は被災者や自治会を中心とした チームで協力して行いましょう

災害は私たちの生活の基盤のすべてを覆します。住居、仕事、健康、家族関係、地域関係などのすべてです。このような、被災者の生活全般にわたる課題に対して、支援者が縦割の意識で、それぞれの領域争いをしては本当の支援はできません。

いち早く仮設住宅支援に入ったNPOが、あとから設置されたサポーターを受け入れない。同じ自治体内で被災者支援のために設置された各種のサポーターがバラバラに活動している。福祉・保健・医療の専門職の連携がない。住宅部局と福祉部局の連携がない。それらの行政、専門職とNPO・ボランティア、サポーターの連携がない、などの状況は被災者のためにぜひとも避けたいものです。また、被災者を孤立させないための支援をする関係者やサポーターが孤立していては被災者の切実なSOSを受け止められないでしょう（参照：76頁メッセージ「サポーターを孤独にしないで」）。

では、どのように取り組んでいけばいいでしょうか？ 次のことをみんなで話し合ってみましょう。

●連絡会をつくり、支援の目標をみんなで共有しましょう

同じ被災エリアを支援する被災者（自治会）、ボランティア、サポーター、行政・専門職の連絡会を開催し、情報を交換しながら、常に共通の目標を確認し、その目標にもとづいた役割分担を行いましょう。

そして、以上の話し合いや連絡会づくりに必要になるのは次の視点です。

●被災者や被災地自治会を中心に据えて連携すること

当事者である被災者や被災地の自治会の人たちの参加を得た支援に取り組みましょう。支援者の勝手な思い込みは禁物です。

以下の図は高齢者を支える多様な社会資源を、高齢者本人の見える生活世界から描いた図です。このように当事者本人の視点に立った住民、ボランティア、専門職の連携の場が求められます。

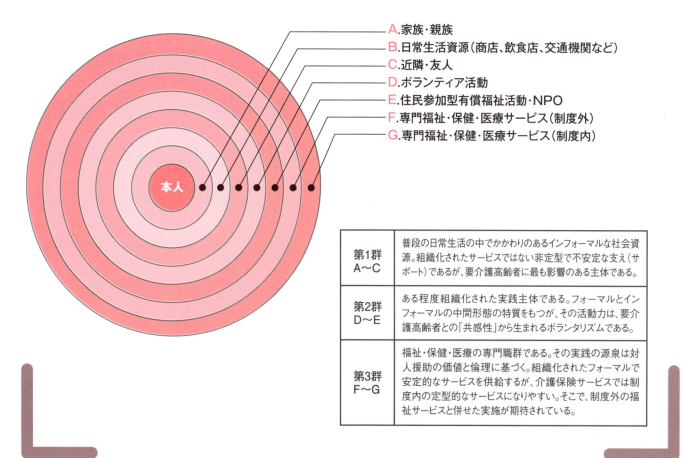

支援を必要とする被災者の理解と サポーターが行う具体的支援

ねらい

1. 支援を必要とする被災者を取り巻く環境を知る
2. 支援を必要とする被災者を知る
3. 支援を必要とする被災者がふだん使っている資源を知る
4. 支援を必要とする被災者とサポーターはどのようにかかわればよいかを知る
5. サポーターが行う"地域とつながる"ための支援を学ぶ

1 支援を必要とする被災者を取り巻く環境について考える

　支援を要する被災者とは、介護を必要とする高齢者（認知症を含む）や障害者、乳幼児を抱える人たちなど、日常生活を送るうえで支援が必要な人々を指します。**支援を要する被災者は、被災する前の生活においても生活のしづらさを抱えていました。**たとえば、買い物や通院等に人の手を借りたり、食事や入浴なども自分ではできなかったりします。生活のしづらさを軽減あるいは解消するために、さまざまな資源を使って工夫して暮らしてきました。しかしながら被災したことによって、慣れない環境で生活を送ることになり、さらに生活のしづらさを感じています。

　支援を要する被災者とかかわる際には、その人がこれまでの生活でどんな資源を使っていて、どのように工夫しながら生活を送っていたのかを知ることが大切です。**支援を要する被災者は"何もできない人"ではありません。**被災し、慣れない環境の中で、戸惑い一時的に混乱しているだけです。被災前の暮らしでできていたことを知り、どのように資源を使えば被災前のような暮らしぶりが可能になるか、被災者とともに考えていきましょう。

> **ポイント1**
> - 支援を必要とする被災者は環境の変化に戸惑ったり、適応に時間がかかっていますが、適応できる力があります。
> - 支援を必要とする被災者のほうが、一般の被災者より日常生活を工夫して送る力があります。
> - 支援を必要とする被災者にとって必要な資源が何かを知り、資源をどう使えばよいかについては被災者とともに考えましょう。

2　支援を必要とする被災者をどのように知るかを理解する

　その人が被災前の生活ではさまざまな資源を使い工夫をしながら生活を送っていることを理解する、つまり被災者の環境について理解することの重要性については説明しました。

　ここでは、支援を要する被災者自身を理解する方法について学んでいきましょう。

　支援を要する被災者を知るためには、まず、その人の気持ちを理解することです。どんな思いで暮らしているのか、悲しいのか、悔しいのか、つらいのか、うれしいのかなど、生活の中で感じる気持ちを聞いてみましょう。「以前は○○ができたから楽しかったけど、ここでは○○を頼める人がいないから時間をつくれないので、張り合いがない」など、気持ちに焦点をあてて話を聞くように努めれば、「わかってくれようとしている」ことが伝わり、いろんなことを話したくなります。

　また、**支援を要する被災者の家族にも目を向けていきましょう**。家族も被災したことでたいへんな思いを抱えながらも、懸命に家族の介護や育児をしてきた人たちです。自分のことよりも、常に誰かのことを考え誰かのことを優先し生きています。サポーターがかかわるときには、ぜひ"その人自身"の気持ちに焦点をあて、「あなたはどう思ったの？」「あなたはどうしたいの？」など、その人たちそれぞれの気持ちや感情に耳を傾けていきましょう。

ポイント2

- 支援を要する被災者はさまざまな思いを抱えながら生きています。その思いに耳を傾けましょう。
- 何度も同じ話をするかもしれませんが、そこにも意味があります。何度話しても気持ちがおさまらないことを理解しましょう。
- 「あなたはどう感じたか」「どんな気持ちだったか」を聞いてみると、その人の気持ちに焦点があたります。

MEMO

3　支援を必要とする被災者がふだん使っている資源を知る

　支援を要する被災者が、被災前にどんな工夫をしながら生活を送っていたかを知ることは大切なことです。資源とは、被災者が使っていた福祉サービス（デイサービスやショートステイ、ホームヘルプ等）だけではなく、いつも使っていた商店や飲食店、公民館など、また、近所の人たちや友人、親戚、ボランティアなども含まれます。つまり、**資源とは被災者が生活を送るうえで必要な利用できるすべての物や人を指します。**被災前から支援を要する被災者は、生活のしづらさを取り除いたり、減少させるために、あるいはより豊かになるために、さまざまな支援を自分の生活に合わせて工夫して使ってきました。

　サポーターは、その人が被災前に使っていた資源を知り、現在の生活に生かせる知恵やアイディアを聞いてみましょう。被災後の生活で不自由になっても、いろいろな工夫をして人は生活をしています。そこには今後の生活がより豊かになるためのヒントがたくさん詰まっています。

ポイント3
- 資源とは何かを知りましょう。
- 支援を必要とする被災者が被災前から使っている資源に関心をもちましょう。
- 生活の中で資源をどのように使っていたのか、工夫やアイディアを聞いてみましょう。

コラム
資源が支援になるということ

　資源とは、支援者の抱える課題を解決するために用いられるありとあらゆる物や人などを指します。資源はとても柔軟で、変化するものでもあります。たとえば、赤ちゃんはお腹が減ったことも、おむつを取り替えてほしいことも、言葉で訴えることはできません。お母さんは赤ちゃんが泣くと、1時間前にミルクを飲んだから今泣いているのはミルクではなく、おむつが汚れたからではないかと、赤ちゃんの思いを推し量りながら、赤ちゃんの要求を確認します。赤ちゃんは、「○○をしてほしい」と明確な意思があって泣いている場合だけではないのですが、お母さんが「心地よく」なるようにかかわってくれることで満足します。赤ちゃんが心地よくない状況におかれたときに、お母さんはあらゆることを考え（おむつが汚れていなければ抱いてみたり、おもちゃで遊んであげたりなど）対応します。このときに赤ちゃんにとってお母さん自身が第1の資源となります。またお母さんが使うおむつやおもちゃやミルクなども資源です。

　このように、資源とは被災者が抱える課題を解決するためのあらゆるものを指しますが、資源の第1番目は、"被災者自身"です。そして第2番目は"サポーター"である皆さんです。そして、被災者の周囲にはあらゆる資源があるはずです。ですから、けしてサポーターは問題を抱え込まず、資源につなげることを考えましょう。被災者やあなたを支える資源は必ず地域の中にあります。それを信じて支援しましょう。

④ 支援を必要とする被災者とどのようにかかわればよいかを知る

　サポーターの役割は、被災者の力を引き出したり、被災者が自分らしく生きることができるよう支えることです。それには、被災者のもつ"力"を知ることが求められます。

　では、"力"とは何でしょうか。力とは人間がもともともっている力や生きるうえで身につけた力を指します。たとえば、忍耐強いとか、がんばり屋だとかという強さもありますし、泣くことなど感情を表出できることでもあります。悲しみや悔しさを言葉にして語ることができることも強さであり、力です。サポーターは、被災者一人ひとりがもつ"力"に着目し、この力がより発揮できるようにかかわることが求められます。

　具体的には**被災者を肯定的にとらえる**ことから始まります。「暑くて買い物に行くのもたいへんだから、ご飯つくる気になれなくて、子どもに納豆ご飯ばっかり食べさせてる」という言葉を聞いたとします。この言葉の裏には「暑くて家事がたいへんだ」という思いや「家事を負担に感じている」こと、「子どもの食事を簡単なもので済ませてしまっている」ことへの否定的な思いが含まれているかもしれません。サポーターは暑くて買い物に行くことがたいへんだと感じていることを語れる力を認めていき、家事が負担でありながらも、子どもの食事の支度を欠くことがない、子どもを思う気持ちを認めていくことです。

　生活は当たり前のことの積み重ねのように思われがちですが、当たり前の生活を送るためには、さまざまな工夫があることを認めていきましょう。

ポイント4

- がんばっているな、すごいなと思ったら、それを言葉にして被災者に伝えましょう。
- 被災者の語る言葉の中に、強さや力を認められるようになりましょう。
- がんばっていない人はいないという信念をもちましょう。

コラム

ただの主婦？専門家ではない？サポーターのもっている力を理解しましょう

　サポーターの中には"私はただの主婦だから""私たちは専門家じゃない"と感じる人がいるかもしれません。でも、専門家にできることは本当に限られています。ほんの少しのことしかできないのです。みなさんはどうですか？　専門家ではないけれど、地元の文化や伝統を知り、地元にずっと住み続ける人たちです。支援を要する被災者も同じ地域で暮らす仲間です。仲間同士のつながりが、生活を立て直すうえで最も強く役に立つ支援になります。

　"ただの主婦""専門家じゃない"ことは大いに結構なこと！　専門家でないからこそ、わかっていることを存分に発揮しましょう。

5　"地域とつながる"ための支援を学ぶ

　本来転居は、転勤や新居を購入、住み替えなど、本人の希望や同意があることが普通です。そのため、転居への適応が困難になることは極めて少ないものです。しかしながら、仮設住宅等への転居は、希望しないなかで（被災しなければこれまでの生活を送れていたのに）住まいだけではなく、あらゆる生活の変化に適応していくことを強いられることです。頼る人もいない、これまでの自分たちの暮らしぶりを知っている人がいないことは、思いのほか心細いものです。近所づきあいなども一からつくり直さなければならず、何から何までやり直さなければならないような気持ちになり、それだけで気持ちの負担になります。しかしながら、被災前には近所づきあいもしてきたし、町内で役割を果たしてきた人たちなのです。少し手伝えば**自分たちの力で、暮らしやすい環境をきっとつくることができるようになる**でしょう。それまでサポーターは"地域とつながる"ためのお手伝いをしましょう。

　"地域とつながる"こととは、サポーターと被災者がつながることだけではなく、むしろ、被災者同士の良好な関係が広がることのほうが生活は快適になります。被災者同士はそれぞれがたいへんな事情を抱えています。ましてや支援を要する被災者やその家族は、支援を要する被災者のことをわかってもらう努力をしなければなりません。このようなことを、サポーターが手伝ったり、困っていることやちょっとした手助けがあれば助かるようなことをさりげなく代弁したりすることで、支援を要する被災者への理解は深まっていきます。互いによく知り合うことがつながるためには必要なことです。サポーターはこの"互いによく知り合うこと"をさりげなくサポートし、地域からの孤立を防止していきましょう。

ポイント5
- ご近所同士が仲よくなるために、何を知ればお互いに安心するのかを考えましょう。
- 自宅に閉じこもりがちな人には、つながるきっかけを意図的につくりましょう。声をかけられることが日常と感じられるようになれば、拒絶されることも少なくなります。

コラム
支援を要する被災者の中には、自分の思いを伝えられない人もいることを知りましょう

　支援を要する被災者の中には、言葉で自分の意思を伝えることができにくい人もいます。そのような人でも、よく観察してみると、嫌なときは落ち着きがなかったり、うれしいときは落ち着いていたりというように微妙に違っているものです。

　"その人"がどのように感じているか、考えているかを知りたいと思ったら、いつもそばにいることが大切です。

事例1　ひとりで子どもを育てている由紀子さん

　佐藤由紀子さん（27歳）はひとりで勇気君（3歳の男の子）を育てています。震災によって住んでいたアパートは半壊し、住めなくなり仮設住宅で暮らしています。仕事はスーパーマーケットのパートをしています。パートの仕事は時間がまちまちなので、遅い時間に帰ってこなければならないときには、勇気君を友だちに頼んだり、ひとりで留守番をさせたりしていました。アパートの下に住む大家さんは、由紀子さんがひとりで子育てしていることを知って、時どき預かってくれたり、夕食やおやつを持って部屋を訪ねてくるようになっていました。由紀子さんは時どきパート仲間と食事に行くこともでき、たいへんながらも何とかひとりで勇気君を育てていました。

　避難所では、同じくらいの年齢の子どもがいたので、勇気君も楽しく過ごしていました。しかし、仮設住宅に入ってからは今までのスーパーマーケットには通えなくなったので、コンビニエンスストアでアルバイトをするようになりました。せっかく避難所から引越して落ち着いた生活ができると考えていたのに、勇気君は由紀子さんにまとわりつくように甘えるようになり、由紀子さんはイライラして勇気君に強い言葉で叱ったりすることが多くなりました。

〈この事例から学ぶこと〉
　○由紀子さんのイライラした気持ちを理解しましょう。
　○勇気君が由紀子さんに甘えたい気持ちを理解しましょう。
　○由紀子さんと勇気君を支えていた周囲の力に目を向けましょう。

※事例の名前はすべて仮名です。

事例2　精神障害を抱える友子さんと家族

　猪口友子さん（42歳）は、仮設住宅で両親（父70歳　母65歳）と暮らしています。友子さんは18歳のときに統合失調症を発症し、精神科に通院していました。大震災によって避難所での生活を強いられましたが、通院もできなくなり、毎日飲んでいた薬も避難の際に持ち出せなかったので、薬が飲めない日々が続きました。しだいに友子さんは、自分の悪口を言われているとか、食事に毒を入れられたといってボランティアに文句を言ったりするようになり、避難所では暮らせないと両親は友子さんを連れ、津波で浸水した自宅の2階で暮らし始めました。

　被災前は近所の人は友子さんを小さいときから知っている人ばかりだったため、両親も友子さんの病気について話すことができました。

　仮設住宅に移り、今までの病院に通うことはできていますが、担当の医師が変わったため、友子さんは落ち着いた生活を取り戻せず、両親もできるだけ友子さんを人に会わせないよう閉じこもって暮らしています。

〈この事例から学ぶこと〉
　○友子さんの混乱した状況は病気が引き起こしていることを理解しましょう。
　○友子さんをよく知っている人が周囲にいることの大切さを理解しましょう。
　○環境の変化が与えるストレスは長期化することについて理解しましょう。

事例3　知的障害のある律子ちゃんとおばあちゃん

　知的障害のある律子ちゃん（7歳）は、津波で両親とおじいちゃんを亡くしました。今はおばあちゃん（63歳）と仮設住宅で暮らしています。おばあちゃんとは、被災前は別々に暮らしていました。律子ちゃんは特別支援学校に通っていましたが、現在は普通学校に通っています。学校では、夕子ちゃんという仲よしのお友だちができたので楽しそうに通っていますが、雨が降ったり余震があると、おねしょをしたり夜泣いて起きることが今でも続いています。

　おばあちゃんは、農家だったので毎日畑で汗を流していましたが、今は何もやることがなく日なが一日テレビを見て過ごすことが多くなっています。

　仮設住宅のお隣は若いご夫婦のようで、日中はいません。外に出ても誰も話す人もおらず、律子ちゃんが帰ってくるのを待っているだけの日々を送っています。

〈この事例から学ぶこと〉

○律子ちゃんがおねしょや夜泣きをすることで回復に向かっていることを理解しましょう。
○おばあちゃんが誰とも話す機会がないことのつらさを理解しましょう。
○誰かと暮らしているからといって、孤独から解放されるのではないということを理解しましょう。

事例4　身体に障害をもつ内藤さん夫婦

　内藤勉さん（78歳）と光子さん（76歳）は、仮設住宅で二人暮らしをしています。津波で近所に住む親戚と息子夫婦は流され、今は東京に暮らす娘が時どき遊びにきてくれます。

　勉さんは2年前に脳梗塞になり、軽い麻痺が残っています。光子さんは膝と腰が悪く、長い距離を歩いたり、重い物を持ったりすることができません。

　避難所では不満を言わなければ食べる物に不自由することはありませんでしたが、今は買い物も自分たちで行かなければなりません。これから冬になり、道路が凍結したら買い物がたいへんになると、今から憂鬱になっています。

〈この事例から学ぶこと〉

○家族や親戚を失ったことで、何気なく支えられていた環境を失ったことを理解しましょう。
○不安によって痛みやつらさが強くなることを理解しましょう。
○具体的に解決できることの解決策を早く提示することの大切さを理解しましょう。

事例5　認知症のある義母初恵さんと暮らす尚子さん

　西本尚子さん（65歳）は、義母の初恵さん（85歳）と仮設住宅で暮らしています。尚子さんのご主人は5年前に亡くなり、それ以降初恵さんと二人で暮らしてきました。

　8年前から初恵さんは認知症になり、日常生活のほとんどに尚子さんの手助けが必要です。被災前、初恵さんはデイサービスに毎日通っていたので、尚子さんは初恵さんがいない時間に家事をしたり、畑仕事をしたりして過ごしていました。しかし、被災後は狭い仮設住宅で、常に初恵さんと二人で過ごすことに息苦しさを感じています。初恵さんは今までどおりデイサービスには毎日通っているのですが、できることが少なくなり、言葉をかわすことも少なくなりました。初恵さんの変化を話す相手もなく、不安や心配事があっても自分ひとりで抱え込むようになりました。

〈この事例から学ぶこと〉
○ひとりになれる空間と時間の大切さ、そして家族であってもそれぞれに過ごすことの大切さを知りましょう。
○家族の変化を話す相手がいないことは、不安を抱え続けたままの状態だということを理解しましょう。
○家族の変化は影響し合うということを理解しましょう。

コラム

ともに泣くことは悪いことではないけれど……

　支援を要する被災者の話を聴いて思わず一緒に泣いてしまうこともあるでしょう。サポーターは泣いてはいけない？　いえいえ、そんなことはありません。支援を要する被災者は語ることで癒されていきます。話を聴くことは大切なことです。でも、一緒に泣くだけではなく、私たちは被災者の生活全体をとらえることが求められます。悲惨な状況を生き抜いてきた人たちの力を信じて、この人たちの力を引き出すためにどんな支援が必要かを考えていくことが大切です。

MEMO

単元4 被災者との信頼関係の育み方と実態把握の方法

ねらい

1　被災者宅を訪問するときの心得、被災者との信頼関係のもち方を学ぶ
2　社会的孤立を防ぐための被災者理解と地域の関係を知る方法を学ぶ
3　被災者のプライバシーを守る心得を学ぶ
4　ひとりで抱え込まない、燃え尽きないための心得を学ぶ

1　被災者宅を訪問するときの心得を学びましょう（傾聴と面接の方法）

　被災者との信頼関係を育むには、面接はとても大切です。面接には、「言葉」以外に『眼は口ほどにものを言う』と言われるように、「表情・しぐさ・態度」なども重要な要素となります。言葉だけでなく、表情や態度などによって受ける印象がどのように変わるのかを感じてみましょう。

演習 1　ロールプレイのウォーミングアップ

方法　2人1組になって、被災者とサポーターに分かれて行ってみましょう

● 被災者役の人は、最近起きた、悲しいこともしくはうれしかったことを3分間話してください。サポーターは次の①②の設定で対応してください。

設定①　対面する人と目を合わせない。うなずかない。腕を組んで天井を見る。

設定②　相手の目もしくは顔の下あたりを見つめ、うなずき、相づちをうち、表情豊かに軽く質問を返す。
　　　　姿勢は少し前傾姿勢を保つ。

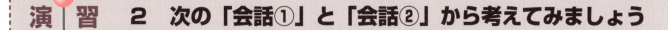

演習 2 次の「会話①」と「会話②」から考えてみましょう

1) サポーターと被災者との会話は、①、②のどちらが望ましいですか？
2) 望ましい会話を望ましくない会話と対比させて、よいと思う点をあげてください。

事例　2回目の訪問場面

　花子さんは65歳。震災で家をなくし、息子も亡くしました。仮設住宅に入って2か月目。近所の人たちとも離ればなれになり、家に来てくれる人もいません。そこへサポーターの恵子さんが訪れました。
　さあ、ここでこのような話の展開がありました。

会話①

サポーター恵子	：花子さんこんにちは！
花子さん	：あの、誰でした？
サポーター恵子	：サポーターの恵子です。忘れた？
花子さん	：いや…。最近眠れないものでぼ〜っとして。
サポーター恵子	：そうなの。よく寝ないといけないよ。
花子さん	：そうですね、でも…。
サポーター恵子	：ところで、仮設住宅で不便なところはない？
花子さん	：いえ、別に…。
サポーター恵子	：そう、よかった。ご飯食べてる？
花子さん	：はい、まぁ。
サポーター恵子	：しっかり食べてね。
花子さん	：はぁ。
サポーター恵子	：特に変わりないね。
花子さん	：はぁ。
サポーター恵子	：じゃぁ、また来るからね。元気で。
花子さん	：どうも。

会話②

サポーター恵子	：花子さんこんにちは。
花子さん	：誰でした？
サポーター恵子	：サポーターの恵子です。お疲れですか？少し、顔色がすぐれないけれど。
花子さん	：はぁ、最近眠れなくて。
サポーター恵子	：どうされたの？もしよかったら話を聞かせてくださいませんか？
花子さん	：実は、震災で家も息子もなくして、何で私だけ残ったのかと思うとつらくて…。
サポーター恵子	：まぁ、そうだったんですか。
花子さん	：そのうえ、ご近所の仲のよかったお友だちとも仮設住宅に入ったら会えなくなって、誰とも話すことがなくなりました。ひとりでいると、不安で不安で、これから生きていく意欲がなくなりました。
サポーター恵子	：そんなに、悩んでおられたのですか。もしよければ、もう少しお話を聞かせてもらえませんか。
花子さん	：ありがとうございます。（話が続く）………。
サポーター恵子	：おつらい気持ちよくわかりました。これから、時どき話に来てもよいですか？
花子さん	：ありがとうございます。聞いていただいただけで、ずいぶん楽になりました。

単元4　被災者との信頼関係の育み方と実態把握の方法

（1）仮設住宅を訪問するとき

〈初回の訪問〉　さぁ、訪問に出かけましょう

① 服装はどうですか。派手な服装、短いスカート、素足は避けましょう

　　仮設住宅であれ、一般住宅であれ、在宅では個人の城です。他人の城に訪問することは事務所などで話を聞くより、さらに注意を要します。まず、服装に留意しましょう。もしかすると家の中にあがって話を聞くことになるかもしれません。そうすると、短いスカートや素足で上がることに抵抗を感じる方もいます。あなたが女性であれば、できればスラックスかキュロットスカートが好ましいでしょう。玄関先にきちんと靴をそろえることを忘れないでください。

② 笑顔はできていますか。可能な限り電話などで初回訪問の連絡を入れましょう

　　個人情報の保護から電話番号が知らされていないこともあり、突然の訪問が多いようです。しかし、誰しも予定があり、出かける直前などのサポーターの訪問には戸惑うことがあります。

③ コンコン。「○○の○○です」と声をかけます。「どうぞ」の声を聞いてから、ドアを開けます

　　生活の一場面が玄関を開ければすぐに展開されています。たとえば、入浴中だったり、トイレに入ろうとするところだったり。特に初回訪問の際は、時間もかかり、信頼関係を結ぶ大切な場面です。可能な限り、訪問の日時を連絡してから訪問しましょう。そして、ノックをしたら、返答があり、ドアが開くまで待ちましょう。相手のペースに合わせることが大切です。

④ 相手が顔を出したら、「この仮設住宅を担当しているサポーターの○○です。今日は○○さんがこの仮設住宅に転居されてはじめての訪問に来ました。少しお時間をいただいてよろしいですか？」と、自分が何者かまず名乗りましょう

　　初回訪問では、「どこから来た誰であるか」「何の目的で来たか」を明確に伝えましょう。

⑤ 相手をあまり長時間立たせない配慮も必要です

　　仮設住宅では居室数も少ないため、玄関から上がって話すことを拒まれることがあります。そのため、玄関先で話を聞く機会が多くなります。しかし、特に高齢者にとって長時間立ち続けることは体力的にも難しくなり、高齢でない人でもトイレに行きにくくなるなどもあるので配慮しましょう。

⑥ 一度にたくさんのことを聞き出さない。徐々に信頼関係を育みましょう

　　話は簡潔に、一度に聞き出そうとすると次回からの訪問がしにくくなることもあります。信頼関係が結べるまでは焦らずに、相手の話を聞くことから始めましょう。

⑦ 聞いたことの他言は絶対だめ！　信頼関係に大きく影響します

　　仮設住宅の住民から聞いたことはけして他人に話してはいけません。思わず同僚と道やバスの中などで話すこともご法度です。誰が聞いているかわかりません。住民はサポーターに何を話しても大丈夫と思って話しています。ひとりのサポーターの軽はずみな行動が多くのサポーターの信頼を落とすことにもなりかねません。

⑧ 話のネタが切れたときのために、いくつかの情報をもって行きましょう

　　話が途切れたときの材料として、ご近所の役立ち情報マップ等を持参しておくことも方法の一つです。

〈2回目以降〉 こんなとき、どうすればよい？

① どのように声をかけたらいいでしょう。
まずは相手を気遣いましょう。「その後、お変わりありませんか？」

前回の訪問以後の体調や環境に変化がなかったかどうかを確認することと、サポーターが会えなかった期間にも心を寄せていたことを表すことが大切です。

② 次のような場合は、どうしたらいいでしょう

１．訪問すると体調がすぐれない様子

２回目以降はさらに信頼関係を育むために、まず相手の体調や生活に変化がなかったかを確認します。そして、体調に変化があったときには、上司や医療関係者にいち早く知らせます。生活の変化では何が原因かなどを確認します。

２．何度行っても会えない場合。不在かどうかわからない

①実際に住んでいるかどうかが不明（荷物だけの入居かも？　時間帯・曜日の関係で不在かも？）

この場合は、郵便物、ガスメーター、電気メータを確認します。さらに、窓の結露の有無や近隣に確認するなどもしてみましょう。そのうえで、上司に報告し電話等で確認しましょう。

②閉じこもりや訪問拒否かもしれない（「人に会いたくない」「サポーターに会いたくない」）

近隣や自治会長にどこかに出かけているかどうかの確認をしてみましょう。また、職員を変えて訪問するなどで対応してみましょう。

③中で何か異変が起きているかもしれない（「急病で倒れている」「孤立死等の可能性」）

臭いはどうか、窓の内側に結露やハエがいないか、電気メーターは動いているか、新聞はたまっていないか、洗濯ものが干したままになっていないかなどを確認しましょう。

３．近隣の苦情、仮設住宅の苦情を言われた

苦情を言われたときには、まず、しっかりと聞き入れましょう。そして、すぐに解決策を出さないで、「一度、事務所の上司に報告します」と言って、もち帰りましょう。時・人・場所を変えることが苦情対策には有効です。

４．金品を渡された。お茶を出された

何度か訪問し、信頼関係ができてくると金品を手渡そうとする人がいます。一度、受けとってしまうと、次も何か…と思われます。最初にきっぱりと「お気持ちだけうれしくいただきます」と丁重にお断りいたしましょう。お茶を出された場合については、事務所で統一した対応にしましょう。

５．話が詳細で多岐にわたるためメモをとりたい

たくさんの話や情報は一度に覚えきれません。メモを取るときは相手に「メモを取らせていただいてよいですか」と断ってからにしましょう。また、メモを取ることに夢中になって、目も合わせないということがないようにしましょう。

６．ふれあいサロンを開催したが参加が少ない

サポーターの役割として、サロン活動の参加を促すことは大切なことです。しかし、最終目的は入居者の自立を支えることです。入居者が主体的に運営できるサロンづくりに視点をおきましょう。たとえば、サロンで毎回"お客様"にならないように、企画する、チラシをつくる、チラシを配る、声かけ、お茶菓子の準備、司会進行、撮影、盛り上げ役、後片づけなどたくさんの役割が隠れています。入居者が、責任もってできることを小さなことでも行っていけるようにしましょう。役割があることで必要とされているという自覚が生まれ、自ら動く意欲につながります。

７．緊急時の対応

単元６の４ いざというときの対応の方法について（74頁）を参照ください。

単元４　被災者との信頼関係の育み方と実態把握の方法

（2）みなし仮設を訪問するとき

みなし仮設は仮設住宅と違い、周囲から見ても何ら変わりません。しかし、被災して家族や家、家財を失われた悲しみや喪失感は、仮設住宅の入居者と同じです。基本的な対応方法は変わりません。みなし仮設に暮らす人は、地域の中の関係性を保ちながら生活していかなければならないことを十分に考慮しましょう。

① 地図でしっかり確認して、少し早めに向かいましょう

特に初回訪問のときは、事前に地図等で場所をよく確認し、予定の時間より遅れないように、また、車で訪問するときは駐車場の有無なども確認しておきましょう。

② 服装を確かめ、笑顔と名札を忘れないようにしましょう

（初回訪問①参照）
２回目以降だからと気持ちがゆるむと失敗します。いつも初回訪問の気持ちを忘れずに臨みましょう。

③ ノックをして、相手がドアを開けてくれるのを待ちます

（初回訪問②〜③参照）
②と同様に、いつも初回訪問の気持ちを忘れずに臨みましょう。

④ みなし仮設に入居している人の中には、周囲に知られたくないと思っている人もいます。玄関先では所属は控えて名前を名乗るようにしましょう

大きな声で「○○社会福祉協議会の生活支援相談員の○○です！」と呼びかけると近隣にも聞こえます。もしかすると、みなし仮設として入居していることを伏せている人かもしれません。名前だけを名乗り相手が玄関先に出たとき、あるいはインターホンさきで「どちらの？」と聞かれたら所属を答える方法もあります。相手への小さな配慮が大きな信頼へとつながります。

⑤ 地域の土地勘がない人も多いので、地図や病院、銀行、役所などのマップを持参しましょう

みなし仮設に入居されている人は県外や市外から来ている場合も多く、まったく土地勘のない場合もあります。また、そこに永住するめども立たず、周囲になじむ気力の弱い場合もあるかもしれません。生活に必要な情報は事務所等で準備し、訪問にそなえましょう。

⑥ 支援格差や情報不足などの不満を抱えている人もいます。苦情には即答せず、事務所にもち帰ります

みなし仮設住宅と集合仮設住宅では、支援や情報量に大きな格差が生じている場合があります。生活の困難さを感じているときに訪問するサポータに、思わず感情をぶつける人がいるかもしれません。個人への攻撃ととらえずに震災の傷を負った人の痛みとして受け止め、「これまでたいへんでしたね。今までよく頑張ってこられました。このことは事務所に報告します」と真摯に返しましょう。そして、その後の対応が放置されていないかどうかの確認も大切です。

⑦ 地域の民生委員・児童委員・自治会長・ボランティアなどの力を借りましょう

日頃の見守りなどは仮設住宅よりも少なくなりがちです。地域に点在しているだけに周囲との関係を取りにくく孤立しがちです。サポーターが積極的に、地域住民、特に自治会長や民生委員・児童委員と顔見知りの関係をつくるため、挨拶に出向きましょう。地域の行事に参加することも効果的です。そして、会えないときや不安が生じているときは、気軽に相談し合える関係性をつくりましょう。

わからないことは事務所でお互い共有し、研修等で制度の学習や情報収集をすることも大切です。ひとりの視点よりも、多くの視点や知識が集まれば解決することも増えてきます。

⑧ ほかに使える制度や条例等はないか、幅広い情報をもって訪問しましょう

十分な情報がないために選択肢が狭まり、判断を困難にしている場合があります。「言うことを聞かない困った人」といった判断をするのではなく、制度や条例、民間サービスなどの幅広い情報を得て、紹介できるようにしましょう。なお、詳細な説明を求められ、即答できなければ事務所に戻って上司から電話などで説明してもらうようにしましょう。

❷ 被災者の状況と、被災者と地域の関係を知る

被災者の閉じこもりを予防し、生きがいのある生活が送れるようにするためには、地域との関係はとても大切です。ここでは、被災者の状況を知り、地域の中に溶け込めるようになるかかわりについて考えてみましょう。

（1）被災者の生活を支援するうえでの基本情報の集め方と記録の留意点

記録様式はそれぞれの所属機関や自治体によって異なると思いますが、ここでは必要な情報の聞き取り方とその記録の方法を学びます。

演習 3　被災者からの聞き取りの練習をしましょう

方法
- ［美晴さんの基本情報］（36頁サポーターのかかわる前）をひとりに渡します
- もうひとりは基本情報シート（87頁）に従って聞き取りを始めます
- 時間は5分。終了後、振り返りを行います

ポイント1　記録のとり方

■ 被災者に役立ててもらうことを意識しましょう。
■ 被災者と支援者、専門機関の情報交換のための資料です。
■ 一度にたくさんのことを聞き出そうとしない。情報は少しずつ深まっていくものです。
■ 5W1H（誰が・どこで・いつ・何を・なぜ・どうやって）を念頭におきましょう。
■ 何のための情報収集かを意識して、必要な情報を正確に記録しましょう。

傾聴とは
1. 相手の話を心で受け止め、誠心誠意聞くこと
2. 支援を必要とする一人ひとりの波長（心のリズム）に合わせて調整すること
3. 相手の心の中に入り、受け止め、心を感じ取ること
4. 自分のことだけでなく、他人のことを真剣に考えること

記録とは
1. ある現象を何らかの形にして残すこと
2. 忘れないため・意見の共有化をするため
3. 観察したこと、集めた情報、行ったことを整理して考えるためのもの
4. 第三者が読んでもわかりやすいこと

単元4　被災者との信頼関係の育み方と実態把握の方法

（2）被災者と地域の関係を知る

被災者がおかれている状況を把握し、かかわることにより関係性が広がることを図をつくって理解しましょう。

演習 4　被災者を取り巻く環境を図解してみましょう

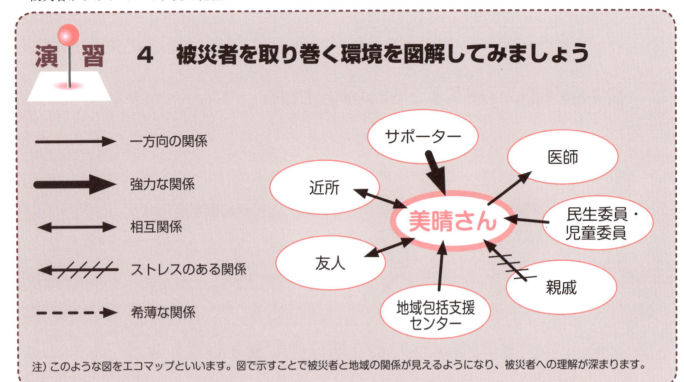

注）このような図をエコマップといいます。図で示すことで被災者と地域の関係が見えるようになり、被災者への理解が深まります。

＜美晴さんの基本情報①＞　サポーターのかかわる前

　美晴さんは昭和4年1月31日生まれの87歳の女性です。最近、腰と膝が痛く、10年前から高かった血圧のためかふらふらしています。ほかには特に大きな病気もしたことがありません。今までは何とか自分のことや家事はできていました。70歳まではタコの加工業の仕事を行っていました。24歳で結婚後、4人の子どもをもうけましたが、夫と子どもの1人を戦争で亡くし、2人を病気で亡くし、あと1人残った3男も九州に就職しここ何年も戻ってきていません。

　美晴さんは、震災前は近くの整形外科に通い、膝と腰に電気をあてていました。しかし、その医院も津波で流されました。避難所の体育館の床は冷たく硬かったため、ますます、膝が痛くなり腫れてきました。杖がなくては歩けません。血圧の薬も飲んでいましたが、通っていた総合病院も遠くなり、タクシーで5000円もかかってしまいます。お薬手帳も流され、何を飲んでいたかもわかりません。毎日の家事がおっくうになってきました。また、仮設住宅のお風呂の浴槽は高く、またぐことができません。手すりもないため滑りそうで怖く、1週間ほどお風呂にも入っていません。夜中のトイレの回数も増え、2時間ごとに起きるため、不眠が続いています。最近、入れ歯も合わなくなり、体重も減ってきました。やわらかいものを食べたいのですが、お店が近くにないので、週に1回の買い物にも行くことができません。好きだった料理もする気がなくなりました。腰が痛くて下を向くことができないため、掃除機もかけられません。トイレもお風呂も洗えません。

　美晴さんは、震災前は公民館で趣味のカラオケを楽しみ、近所の友だちとお茶を飲んだり、買い物に行ったりして行き来もあり、ひとり暮らしをさほど不自由に感じたことはありませんでした。しかし、この震災と津波ですべてが変わってしまったような気がしました。家が流され、仲のよかった友だちも遠くの娘宅へ行き、行きつけのお店も病院も何もかもなくなってしまいました。そして、ようやく抽選であたった仮設住宅はこれまで訪れたことのない場所にあり、周囲に知り合いは誰もいません。美晴さんはたとえようもない不安に押しつぶされそうになっています。

<美晴さんの基本情報②> サポーターのかかわり後

　そこにこの仮設住宅担当のサポーターの由紀子さんがやってきました。由紀子さんも被災者でしたが、明るく人が大好きな42歳の女性です。初回の訪問のとき「おはようございま〜す！」といって入ってきた満面の笑顔に、ふさぎ込んでいた美晴さんもつられて笑ってしまいました。淡いピンクの服にブルーのスラックスがよく似合っていました。

　由紀子さんは美晴さんの話を聞くとすぐに、このまちの地図を取り出し、「ここにお店があって、ここが病院。これは郵便局よ…」とていねいに教えてくれました。そして、ご近所にも同じようにさびしがっている人がいて、今度、仮設住宅の集会所で開催されるイベントのときに会ってみないかとすすめてくれました。

　数日後、美晴さんは思い切って集会所のサロンに行ってみました。そこには5〜6人のボランティアがいて、硬い表情の人たちにサポーターの由紀子さんが笑顔を振りまいていました。数時間後、美晴さんは同じような悩みをもつ人がいることを知り、少し楽な気持ちになりました。そして、知り合ったボランティアや近所の人と挨拶を交わすようになり、仲のよい友だちもできました。サポーターの由紀子さんは地元の医師会に相談して、かかりつけのお医者さんも見つけてくれました。足腰が弱ってきた美晴さんのために地域包括支援センターにもつないでくれました。社会福祉協議会の活動に参加したり、民生委員・児童委員の訪問を受けたり老人クラブの集まりに誘われたりするようになり、仮設住宅内だけでなく行動範囲が広がりました。そうこうしているうちに、美晴さんは入居当時のさびしさを忘れ、新しいまちの中に新しい楽しみを見つけようとする自分がいることに気がつきました。

基本情報として必要な項目

- 氏名　・性別　・年齢　・住所　・電話番号
- 世帯状況（独居・高齢者夫婦・その他）
- 家族構成（右図参照）
- 生活歴・趣味
- 緊急時連絡先
- 旧居住地

〈療養状況〉
- 疾病名　・既往症　・経過　・服薬・通院状況

〈心身の状況〉
- 麻痺の有無　・言語障害の有無　・視覚障害の有無
- 聴覚障害の有無　・認知症の有無

〈日常生活動作〉
- 歩行　・立ち上がり　・排泄の状況　・入浴
- 食事

〈ＩADL〉
- 家事（炊事／洗濯／掃除）　・買い物
- 金銭管理

〈介護サービス〉
- 有無　・内容

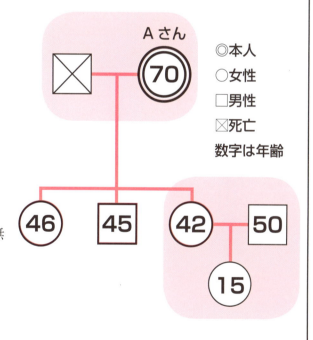

注：このような家族構成と関係をとらえる図法をジェノグラムと呼びます

※基本情報シート87頁参照

演習 5 自分の関係図（マイエコマップ）を書いてみよう

1）自分のエコマップを書いてみましょう

まず、自分の周りに誰がいるか思い出してください。そして、浮かんだ人を自分の周りに書いてみましょう。下の関係図のように線で結びます。そうするとマイエコマップができあがります。

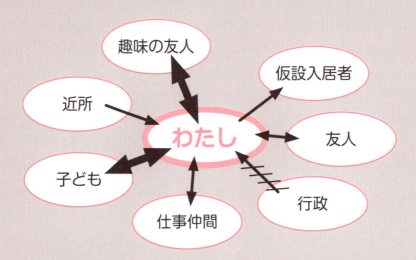

2）元気の素を追加してみましょう

1）でつくったマイエコマップに自分の「元気の素」を足してみましょう。「これがあれば私は元気になれる」というものを書いてください。そして、2～3人で自分の「元気の素」のことを話してみましょう。きっと、それだけで元気になれるはず。これは誰にも共通していることです。

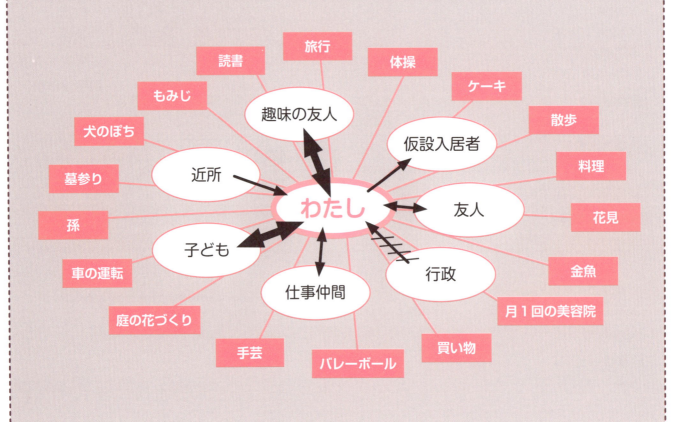

3 被災者のプライバシーを守る心得

サポーターには何を話しても他言されないという安心感から信頼関係は生まれます。ここでは秘密厳守の意味を学びます。

演習 6 プライバシーを守るとはどういうことでしょうか？

次の事例で不適切と思うところを探してください

事例　プライバシーを守るとはどういうことか

　サポーターの藍子さんは今日、仮設住宅を4軒訪問してきました。相談はどの話も複雑な事例ばかりでした。責任感の強い藍子さんは、一刻も早く解決したいと思い、携帯でバスの中から事務所の上司に相談しました。「もしもし、博志さん、たいへんです。10号室の宮城花子さんが認知症になって……」。まわりは通勤帰りの人で混み合っていました。

　そのあと、帰宅途中に寄ったスーパーマーケットで同じサポーターの恵子さんに出会い、お互い、今日訪問した家のことを相談し合いました。スーパーマーケットは夕方安売りをする人気の店で、この日も買い物をする人で混み合っていました。

　そして、家に持ち帰った4軒の情報シートを、食事のあとにテーブルで書きながら、夫に一部始終を話して聞かせました。

ポイント2　被災者のプライバシーを守る心得

- サポーターは業務上知り得た事柄は、業務上の協議および報告以外には漏らしてはいけません。
- カンファレンス（処遇検討）などで開示する場合も、原則として相談者本人の了解をとります。
- 例外として、身体・生命・財産にかかわる緊急時には、本人の了解をとらないで関係機関に連絡することができます。
- 秘密の厳守は、業務上の立場を離れても（離職しても）守らなくてはなりません。

MEMO

コラム
プライバシーと個人情報の違いとは

　最近よく聞く個人情報保護法とは何でしょうか。個人情報保護法とは、2005年4月から施行された法律で、正式には「個人情報の保護に関する法律」と呼びます。個人情報に関する一般の関心が高まる反面、過剰反応による混乱が起きています。また、プライバシーと個人情報とを混同されることも多くなってきました。

　プライバシーは次の3つの情報をさします。

　①私生活に関する情報（私事性）　②まだ一般に知られていない情報（非向知性）　③一般人なら公開してほしくないと思う情報

　このようにプライバシーは、他人に知られたくないと個人が思っている自らに関する情報のことです。いつ、どこで、誰と会話したという個人の動向に関する情報などもプライバシーの範囲です。

　一方、個人情報はプライバシー情報も含む個人を特定できる情報のことであり、断片的であってもある個人を特定するのに足りる情報のことです。たとえば、住所、電話番号、性別などをさします。

　「封書の表面の宛名や発信者の情報が個人情報であり、封書の中身がプライバシー情報だ」とたとえられることがあります。このような違いをふまえたうえで、プライバシーを大切にした支援をすすめていきましょう。

4　ひとりで抱え込まない、燃え尽きないための心得

　被災者にとってサポーターは身近な存在のひとりです。しかし、ひとりで抱え込まないで、被災者とサポーター仲間や他機関とチームで支えることで、被災者とよい距離を保てたり、被災者にとってよい支援につながります。

演習7　次の「会話①」と「会話②」からグループで考えてみましょう

1）サポーターと被災者との会話は、①と②のどちらが望ましいですか？
2）望ましい会話を望ましくない会話と対比させて、よいと思う点をあげてください

事例　さぁ、あなたなら、どう対応しますか？

　サポーターの優子さんは40歳の女性。以前はホームヘルパーをしていて、今回の震災で自分も被災し、事業所も閉鎖になったため、サポーターになりました。とても責任感が強く、優しく、真面目な仕事ぶりはホームヘルパー仲間でも高く評価されていました。新しいサポーターの仕事に対しても意欲的で、同じように津波で家をなくした被災者に対して、何とか支援したいと思っています。

　ある日の訪問の際に、こんな相談があがりました。

サポーター優子	：こんにちは、清子さん。
清子さん	：待ってました。
サポーター優子	：どうしたんですか？
清子さん	：実は、息子が朝から酒ばかり飲んで、夕方から暴れて、嫁がうつ病になってしまって……。
サポーター優子	：まぁ、たいへんなことに。
清子さん	：そのうえ、孫が登校拒否をして閉じこもっています。みんな仕事もなくなってお金も底をついたのに、息子がサラ金に手を出していたのがわかって、毎日、取り立てに来るんです。
サポーター優子	：おじいさんは？
清子さん	：最近、こんなことが続いて、眠れなくなったからか、認知症の症状が出てきました。

会話①

サポーター優子	：たいへんなことになっていたんですね。わかりました。まず、私が息子さんにお酒をやめるように話してみます。お金もサラ金などで借りないように話してみます。お孫さんと同じ年頃の子どもが私にもいますから、お孫さんにも私が会って話してみます。お嫁さんも同年代だから、何か共通点があるかもしれないから悩みを聞きます。おじいさんは、私が時間の空いている限り、一緒にいて散歩に行ってみましょう。
清子さん	：そうですか、あんたが私と一緒に悩んでくださるんですね。
サポーター優子	：そうです。私にまかせてください。
清子さん	：あんただけが頼り。いつまでも替わらないで担当してね。

会話②

サポーター優子	：わかりました。ただ、私にできることは限られています。息子さんについてはお酒の専門家に相談しないとアルコールを断つのは難しいことかもしれません。
清子さん	：えっ！息子のお酒の相談ができるところがあるんですか？今までお酒の相談ができるところがあるなんて考えてもみませんでした。だめでもいいので、そこに相談をしてみてください。
サポーター優子	：そうですか。アルコールを止めてしまうのは難しいことです。でも、相談してみると何か解決の糸口があるかもしれませんね。お金の問題も同じです。アルコールと同じように専門家がいます。上司に相談してもいいですか？
清子さん	：お願いします。もう、私たちだけでは無理なんです。嫁もすっかりまいってしまって…。

サポーター優子	：そうでしたね。お嫁さんもうつの症状が出ていたんでした。いろいろ大変でしたね。これから一緒に考えましょうか。もし、よければお嫁さんにも会ってお話を聞かせてください。
清子さん	：嫁の話も聞いてください。孫も学校に行けなくなってしまって…。
サポーター優子	：お孫さんも……。心配でしょう、でも、まず、一番心配なことは息子さんのことでしょうか？
清子さん	：そうですね。息子のことが落ち着けば、おじいさんのことも考えられる。
サポーター優子	：おじいさんのこともよく頑張りましたね。専門医に診てもらいましょう。
清子さん	：専門の先生がおられるのですか？
サポーター優子	：専門の先生だけでなく、ほかにもいろいろ相談できるとことがあるんですよ。
清子さん	：よかった（涙声）。これで、これ以上悪くならなくていいかもしれない。
サポーター優子	：清子さん、これから一緒に考えましょう。
清子さん	：ありがとうございます。何かしら、胸のつかえが取れてホッとしました。

ポイント3　燃え尽きないためのポイント

■ 「あなただけが頼りなの…」「ずっと、替わらないでね」。このような言葉が聞かれるとキケン信号。そういう場合は自分だけで抱え込まないで、上司に理解してもらえるように伝えることが大切です。

■ 上司もサポーターからこのような報告を受けた場合は、早急に専門機関への相談を指示したり、複数のサポーターで担当するなどの対処が大切です。

■ ひとりで抱え込まないためにも、サポーター同士の仲間づくりを大切にするとともに、専門機関の連絡会議（仮設住宅エリアのケア連絡会等）を呼びかけたり、参加したりすることが重要です。

■ サポーターは被災者の求めているものを把握しています。さまざまな企画運営を通して、被災者が自分から行動を起こす力をつけられるように支援しましょう。

コラム
あなたのおかげは黄色信号、あなたしかいないは赤信号

　支援を要する被災者から、「あなたのおかげだわ」「あなたしかいないのよ」と言われることがあるかもしれません。これは、要注意‼ 被災者との距離が近づきすぎているというサインです。

　一生懸命何とかしたいと奔走しているサポーターですが、被災者との距離が近すぎると"のめり込みすぎている自分"に気づかないことがあります。「あなたしか…」という言葉は、"頼りにしている"ということですが、本来は被災者同士の関係を育て、その地域で生きていく基盤をつくることが大切です。ですから、サポーターとしか関係が育めない、サポーターだけが頼りということでは、本来の支援から逸脱しているということなのです。そして、サポーター自身も「あなたしか…」という言葉を向けられると、ますます期待に応えたいと考えてしまいがちです。その人の人生を豊かにしたいと思ったら、被災前の生活のように、たくさんと人たちとのかかわりができる力を取り戻すことこそ支援なのだということを思い出しましょう。

演習 8 太郎さんにどのような支援が必要でしょうか？

1）太郎さんの関係図を描いて考えてみましょう

事例　みなし仮設に入った太郎さん

　宮城太郎さんは78歳。妻の花子さんとはとても仲のよい夫婦でした。しかし、2011年の東日本大震災で津波に遭い、波に突き上げられ、目が覚めたときには浮いていたタイヤにつかまっていました。ようやく避難所に運ばれましたが、脳梗塞の再発もあり、約10日間ほとんど食べることも飲むこともできず寝てばかりでした。状態が悪くなった太郎さんは病院に運ばれ、妻の花子さんの行方を探すこともできず、遠くの娘さんのところに引き取られます。

　離れた都会のマンションの娘さん宅は、太郎さんにはなじめません。ある日、散歩で出て行ったところ、帰れなくなりました。警察官に連れて帰ってもらった太郎さんは、娘さんと喧嘩をし、怒って飛び出すと、必死になって山川町に帰ってきました。

　山川町では避難所に戻りましたが、手続きも遅れ、みなし仮設のアパートに入れたのは6か月後でした。これまでの住み慣れた環境とは違い、知った人もいません。スーパーマーケットも病院も郵便局の場所もわからず、買い物に行くこともできません。妻の花子さんは行方不明のまま葬儀を済ませました。太郎さんの不自由な身体はますます動きにくくなっています。地域の中では昔から近隣の人たちが親しそうに話している姿が見えます。しかし、太郎さんの家に訪ねてくれる人はいません。時どき、市役所から意味のよくわからない書類が届くだけです。「かあさんがおったときは、自転車で出かけたんだけど、自転車が乗れたらどこまでも行けるのになぁ」「もうこんなことなら死にたいよ…」と顔をしわくちゃにして涙ぐみます。

2）太郎さんを変えたのは、何だったのでしょう。関係図に追加して確認しましょう

事例　あれから太郎さんは

　あれから3か月が経ちました。定期的に見守っているこの地区担当の民生委員・児童委員の秋田さんは、太郎さんのことが気になって仕方がありません。同じようにこのみなし仮設担当のサポーターの昌弘さんも、太郎さんが気になっていました。

　ある寒い日、太郎さんは買い物に行こうと家を出たところで砂利に足をとられて転んでしまいました。思いっきり腰を打って立てません。たまたまそばにいた近所のみつえさんと貴子さん。みつえさんは民生委員・児童委員の秋田さんを呼んできました。何でも知っている秋田さんにこの地域のことを教えてもらったのを思い出したのです。貴子さんは、サポーターの昌弘さんを呼んできました。貴子さんが病気をしたときにお世話になったのです。

　秋田さんと昌弘さんに支えられて家に戻った太郎さんは、ひどくなる腰の痛みに不安を覚え、これまで抑えていた不安な気持ちをこぼします。「本当は娘に来てほしい。お医者さんにも行きたい。昔みたいに近所の人と将棋を打ちたい」。太郎さんが自転車に乗って行きたいと思っていたのは、震災前に将棋を打っていた近所の公民館でした。そこも津波で流されていました。

　この話を聞いた秋田さんは、「そう！それならそこの集会所に知り合いの将棋が得意な人を呼んでき

ましょうか!」。昌弘さんも「それはいいことだ。早く腰を治して将棋を打ちに行きましょう。病院のことや介護保険の申請のことはまかせてください、上司に相談しますから」と。こうして2人の強力な助けを受けて、太郎さんは、病院で治療をし、連絡を受けた地域包括支援センターは介護保険認定の申請を行いました。太郎さんと話し合い、娘さんへの連絡も役場の職員に頼みました。秋田さんは担当の地区に住んでいる区長さんにも声をかけ、将棋好きな人を集め将棋の会をつくります。近隣の人に声をかけ、太郎さんの見守りと日々の惣菜が届くようになったのです。

一方、娘さんも本当はお父さんのことを心配していました。しかし、秋田さんと昌弘さんに連れられ、「父をよろしくお願いします」と地域へ挨拶に回ったのです。

太郎さんのことがきっかけとなり、この地域では、集会所でお茶っこ会や将棋の会などのさまざまな催し物が行われるようになりました。そして、太郎さんも将棋仲間から友人もでき、待望の電動3輪自転車を買いました。この自転車に乗るためにリハビリを始め、最近では帽子をかぶりサングラスをかけてさっそうと、買い物や将棋の会に出かけます。自信をつけた太郎さんは、同じように閉じこもっていた男性に声をかけはじめました。秋田さんと昌弘さんはこんな太郎さんの変化がうれしくてたまりません、そして、そっと暖かく見守ります。

太郎さんに民生委員・児童委員とサポーターなどがかかわる前と後の関係図

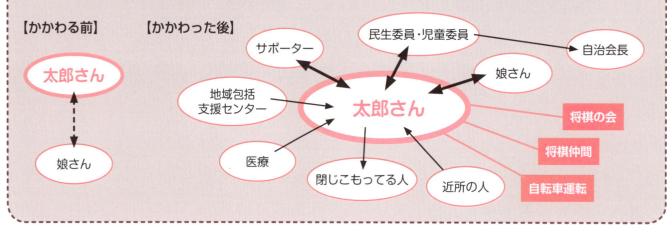

MEMO

住民同士の支え合い活動を支援する方法

> **ねらい**
> 1 　住民同士の支え合い活動とその必要性について学ぶ
> 2 　ふれあい交流活動の方法を学ぶ
> 3 　ふれあい交流活動を継続するための方法を学ぶ
> 4 　仮設住宅から災害公営住宅等への転居に向けた協力関係について知る

1 　住民同士の支え合い活動とその必要性について知る

　地域の中にはさまざまな人たちが生活をしており、多くの生活困難な人や生きづらさを抱えた人が生活しています。仮設住宅や被災地での生活は、ひとりで問題を解決することが難しい場合もあります。また、仮設住宅は仮の住まいですが、仮の生活で不便を強いられることがあってよいわけではありません。安心して安全に暮らせる環境づくりには住民同士の支え合う関係づくりが最も重要です。これは、仮設住宅だけの問題ではなく、みなし仮設での生活や平時の地域生活でも同じことがいえます。

　支え合い活動は住民同士の助け合いを基本としますが、困ったときには、行政・関係機関と連絡を取り合うことも大切です。住民・行政・関係機関が協力し合って「心と心のふれあう助け合いの輪」を身近な地域でつくっていくのが地域福祉活動です。

演習 1 　安心して安全に楽しく暮らせる地域をイメージしてみましょう

あなたの担当地域で考えてみましょう

① はじめに、「安心して安全に楽しく暮らせる地域」の理想の姿を各自でカードに書いてください。1枚のカードに、単語や一語文で書いてください。

② 次に、それぞれが思い描いた「安心して安全に楽しく暮らせる地域」を発表し、グループで話し合いながら整理して、模造紙に書いて貼ってください。

演習2 暮らしやすい地域をつくるためには、何が必要ですか？

① [演習1]で考えた理想に近づけるために、皆さんが担当する地域には何が必要かをカードに書き出してください。1枚のカードに、単語や一語文で書いてください。
② 次に、それらのカードを発表しながら模造紙に書いて貼って、グループ内で共有しながら整理してください。

カードを整理するために、次のように分類してください。
1. 地域で取り組めること
2. 地域とご近所、ボランティア、サポーターなどと協力して取り組めること（仮設住宅の場合、周辺地域を含む）
3. 行政などと協力して取り組めること

ポイント1　暮らしやすい地域をつくるためのポイント

- 被災者みんなが元気になるには、住民が主体となって行う支え合い活動が大切。
- 個人の問題を住民全体の問題と捉え、解決方法をみんなで一緒に考える。
- 住民、ボランティア、サポーターや行政が協力し合う関係を育む。

コラム

できることの積み重ね～日曜大工ボランティア「でえくさんず」

　阪神・淡路大震災後、屋根の瓦が飛んでしまった被災者から「屋根にブルーシートをかけてほしい」というニーズが多く、リタイアした60歳代前半の男性を中心に対応しているうちにボランティアグループができました。その後、仮設住宅ができて、避難所から仮設住宅への引越しニーズが増加し、それらの対応も行いました。

　仮設住宅への引越し支援をしていると、住宅内で不便なことがいっぱい見えてきます。当時の仮設住宅は「ドアや窓を開けたら雨が吹き込んできて開けられない」「玄関から部屋までの段差が高くて高齢者にはたいへん」「壁に釘を打ってはダメなので棚がつくれず、床に荷物を置くしかなく足の踏み場もない」「手すりがないのでトイレやお風呂、玄関など高齢者が暮らすのはたいへん」という不便なことが多かったため、このグループは仮設住宅を回って住宅の不具合を解消する活動を行いました。

　不具合を直すため仮設住宅を訪問していると、「家具を移動したい」「重い物が外に出せない」「仮設住宅から災害公営住宅に移ることになったが、引越しがたいへん」などのたくさんの困りごとを聞き、対応するようになりました。

　ひとつの活動から、ちょっとした困りごとに対応して次々と支援を展開することによって、「仮設住宅だからしょうがない」「ちょっとくらい不便でもがまんしないと」という気持ちだった被災者から、「気持ちが前向きになった」という声が寄せられました。ちょっとしたことで、住んでいる人の暮らしは変わる。少しずつできることを積み重ねることの大切さがわかりました。

『次は何をやってくれるの？』〜人まかせにしてしまった仮設住宅支援

　阪神・淡路大震災後に、企業の独身寮を借り上げて、仮設住宅を設営しました。入居している人がひとり暮らしの高齢者・障害者だったこともあり、社協はこの場所で、相談や話し相手などのボランティア訪問、月2回の会食会などの集う場づくりなどを行い、仮設住宅にはいろんなボランティアが入るようになりました。

　すると徐々に、仮設住宅の住民から「次は何をしてくれるの？」という言葉が出てきました。「社協がやってくれるから」「ボランティアがやってくれるから」と、自分たちは何もしなくてもよいという受身の姿勢にさせてしまったのです。

　それから、仮設住宅内で世話役を見つけ出し、「何がしたい」「何をやろう」など、一緒に考える支援・機会を時間をかけてつくっていきました。

　今、思い返してみると最初に気をつけなければならなかったことは、住民自身が自分たちで考え、アイデアを出し合い、自分たちが決めるという「話し合いの場づくり」とそれを支える役割が必要であったということです。

ポイント2　話し合いの重要性

■ 支え合い活動を行ううえで大切なことは、「誰かがやってくれる」ではなく「自分たちで考えて、行う」ことです。そのためには、「話し合い」は、重要な意味をもっています。

＜話し合いから活動、そして点検へのサイクル＞

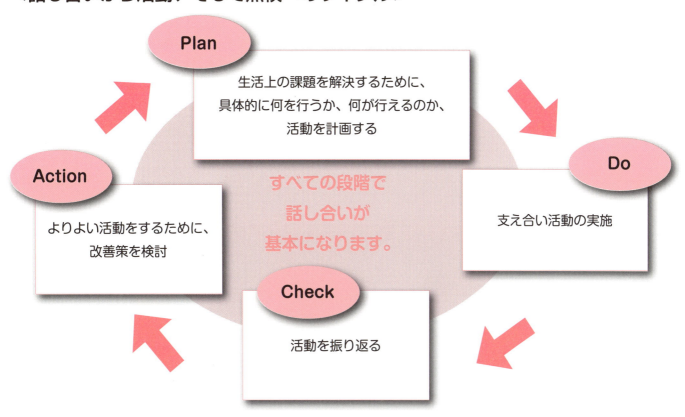

単元5　住民同士の支え合い活動の理解

ふれあい交流活動について知る

　ふれあい交流活動は、支え合い活動をすすめていくうえでの「土台」になります。ふれあい交流活動を行うことには、次のような効果があります。

1．身近な場所へ出かけることができる
2．顔見知り・話し相手ができる
3．日常的に声をかけ合うことができる。安否確認につながる
4．困ったときに、一緒に考え、助け合えるようになる

 3　ふれあい交流活動について考えてみましょう

住民同士の支え合い活動は、ふれあい交流活動が出発点となります
次の①、②について、グループで思いつくままにいくつでも考えて、カードに書いてください。1枚のカードには、単語や一語文で1つの内容について書いてください

　① あなたの担当地域では、具体的にどのようなふれあい交流活動が住民によろこばれますか。
　② ①で書いたふれあい交流活動には、どのような効果がありますか。

ポイント3　ふれあい交流をすすめるポイント

■ **身近な場所で住民同士が自由に集える場**
　　身近な場所で行うことは、ふれあい交流活動に参加しやすくなりますし、参加の呼びかけも容易になります。

■ **「参加する住民」「お手伝いする住民」「関係機関」みんな一緒につくる場**
　　「お世話する側」「お世話される側」をつくる場ではありません。参加者全員で一緒につくりあげましょう。

■ **気軽に参加、出入り自由**
　　誰もが来たいときに来て、帰りたいときに帰れる気軽さが、ふれあい交流活動を継続させるコツです。

■ **何でもOK！発想も自由**
　　交流活動はみんなでつくりあげるものです。ひとりにまかせすぎず、みんながしたいことを行えるようにしましょう。集まっておしゃべりをするだけでもOKです。

■ **参加しない人も仲間のひとり**
　　声をかけても参加しない人もいるでしょう。「あの人は出て来ないから、もう声をかけない」ではなく、何度でも誘ってみることが大切です。

仮設住宅での生活が始まるなかで、住民からさまざまな意見が出たり、生活のルールを決めていく機会も出てきます。住民同士が顔を合わせて、仮設住宅での生活について「話し合う」ことは、今後ふれあい交流活動を行っていくうえでも有効な方法となります。

　自治会は「話し合いの場」として有効な方法のひとつです。自治会づくりは仮設住宅の一部の住民やサポーターだけで取り組むことではありません。また「自治会」という形態にこだわらず、棟ごとの班長会・世話役会などの話し合いの場が大切です。

　ここでは、仮設住宅での自治会づくりを参考に紹介します。

参考

仮設住宅での自治会づくり

　震災で、かけがえのない大切な人や家、さまざまなものを失くし、各地から見知らぬ人同士が入居している仮設住宅。仮設住宅での自治会の有無は、そこでの住民の暮らしに大きく影響します。

　ここでは、仮設住宅における自治会づくりの必要性と宮城県内の事例を紹介します。

① 仮設住宅で自治会組織が必要とされる背景

　仮設住宅には、被災によるさまざまな喪失体験をした人たちが入居します。また、市内のさまざまな地域から入居する場合もあり、入居者同士のつながりをつくり直す必要があります。さらに、高齢者や障害のある人、病人や介護を必要とする世帯、ひとり親世帯など見守りや何らかの支援を必要とする人たちも暮らしています。

　その仮設住宅にリーダーがいない、あるいは自治会がない場合に起こりうる生活・福祉課題には、おもに以下のものがあります。

・孤立、アルコールへの依存、ひきこもり、自殺、孤立死、悪質商法、不審者の侵入などが頻発する
・住民間のトラブルや住宅全体に共通する問題が発生しても個人の対応に委ねられ、問題解決に時間がかかる
・ごみ出しのマナーの悪化、住民間のケンカの発生、悪質業者の被害の発生などで住民間に軋轢が生じる

　こうした生活・福祉課題は、行政や外部の支援団体に頼るだけでなく、入居者自らが自分たちの問題として認識し、住民としてできることを行うことが大切です。

【自治会づくりのメリット・効果】

　自治会は孤立しがちな"入居者同士のつながりづくり"を生み出し、住民の大きな安心感につながります。具体的には次のようなメリット・効果があります

・住民みんなが力を合わせて取り組むことで共同体・コミュニティ意識が生まれる。
・困ったときに、お互いに相談や、声かけ・助け合いができる。
・住民に共通する課題を自治会としてまとまって市や専門機関に伝えたり、要望したりすることで解決の実現性が高まる。
・人と人とのつながり、みんなと一緒に地域をよくする取り組みを通じて、喜んでもらえる、地域がよくなる、自分が役に立っているという実感が得られる。
・子どもの成長に好影響を与える。入居者同士が仲よく助け合っている姿に接したり、大人から可愛がってもらうことが、子どもの情緒安定や成長につながる。
・子育て中の親が病気や緊急の場合、身近なところに力を貸してくれる人がいることは大きな安心感につながる。

②自治会づくりの難しさと解決の方法

○役を引き受けてくれる人がいない。どうしたらいい？

一部の人だけに負担がかからないような工夫をしましょう。たとえば、班長を2か月ごとで交代する、働いている世代には協力可能な時間と役割を具体的に提案してお願いするなど。

○自治会はどのタイミングで設立するのがいい？

仮設住宅に入居して、半年、1年も経ってから自治会づくりをしようとしても難しいので、できるだけ早期に組織化することが有効です。あいさつや住民同士のつながりづくりも、時間がかなり経ってからでは興ざめしてしまいます。

サポーターは自治会づくりや入居者同士のつながりづくりの支援を念頭において、意図的に・意識的に、仮設住宅や入居者にかかわることが大切です。

③宮城県名取市　箱塚桜団地自治会の事例

自治会設立日：2011年5月8日

立ち上げの経過：名取市仮設住宅管理室職員が、市内にある各仮設住宅全8か所に対して、「住民自治」の必要性の話をしてまわった。その結果、それを受ける形ですべての仮設住宅に「自治会」が設置され、住民の互選で自治会長が決定した。

※活動事例の詳細は51頁の活動事例1を参照
※仮設住宅自治会規約のひな型は96頁を参照

MEMO

[演習3]でふれあい活動とその効果について考えました。仮設住宅で自治会を立ちあげた宮城県名取市箱塚桜団地では、生活・福祉問題について住民で話し合い、それらを解決するためにさまざまな活動に取り組んでいます。

活動事例 1　宮城県名取市　箱塚桜団地自治会

▶ 動画あり　https://youtu.be/f4xgJlrazuo

ちびっこひろば開催時は、大通りを通行止めにした

（活動実施場所）
　箱塚桜団地

（活動主体・対象者）
　箱塚桜団地自治会、班長、みまもり隊、防火協力隊が中心
　対象は、箱塚桜団地住民

（協力団体）
　仮設住宅の近隣の自治会
　活動への参加の呼びかけを行っている
　名取市社会福祉協議会から生活支援相談員が1人配置されている

（立ち上げの経過）
・自治会長が就任後、「ひとりで決めるのではなく、みんなで話し合って決めることを大切にする」ことを意識して、住民に集まってもらう場を設定。住民全員で課題を出し合って、必要な活動をひとつずつ生み出し、現在のような活動をつくっていった。現在行っているプログラムは、すべて住民が協力し、実施している。

（活動内容と頻度）
・チャイルドパーク：毎週火曜日　子どもと母親の遊び場
・ちびっこひろば：11時〜17時　桜大通りを通行止めにして、一輪車・自転車の遊び場にしている
・寺子屋閖上(ゆりあげ)：月2日　学習塾の開催
・スカイルーム：月4日　遊びを中心として、心の痛みの解放
・桜動物園：子どもの心のケアのため、ウサギとチャボを飼育
・居酒屋桜：2か月に1回最終土曜の夜
・桜美会：毎週水曜日10時〜12時　笑いを大切に活動する老人会
・受診送迎バス：週2日　箱塚桜団地と名取中央クリニック間の送迎バスサービス。看護師が乗車
・買い物バス：週1回　箱塚桜団地とイオンモール名取間の買い物送迎と見学ツアーをセットにして実施。見学ツアーは、まちの復興を自分たちなりに考える機会となっている
・ティールーム：毎週火曜日　チャイルドパークと共催。多世代交流になることで、子育て面でもプラス効果あり

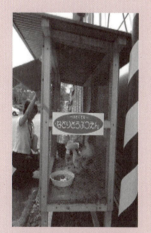

ウサギとチャボを飼育

- 健康相談：週1日　訪問看護師による健康相談
- 傾聴の会（ボランティアの会）：毎週金曜日　心に残るストレスを語る心のケア
- 健康支援隊：毎週土曜日　看護学生による血圧、酸素飽和度調査、ストレスチェックなどの健康調査。ハンドマッサージ、リンパマッサージ、化粧療法などの看護ケア
- ベンチの設置：桜大通りと桜西通りにベンチを設置。子ども・母親と高齢者のつどい場になっている
- ひとり暮らし高齢者の予防対策：ひとり暮らし高齢者と高齢者夫婦世帯に防犯ベルを渡し、夜間の緊急事態に備えている。防犯ベルが鳴ったら、隣近所の人が訪問するようにしている。

（これまでに実施した独自の取り組み）

- 道路標識の設置（5か所）
- 掲示板の設置（5か所）
- 「ちびっこ広場」の横断幕の設置（2張）
- 郵便ポストの設置
- 消防自動車の確保
- 各係への表札の配布
    例：大人の表札　みまもり隊さんの家
    　　こどもの表札　飼育部長の家
- 地蔵様の設置
- 鶏舎の設置
- レクダンス：毎月第1・第4月曜日
- 3B体操：毎月第4月曜日午後
- タペストリー：毎月第1・第2木曜日午後
- お楽しみ会：毎月第2・第4木曜日午後
    カラオケが中心
- 元気ぞうさん：月2回　ぞうきん作成
- 絵手紙：月1回
- 夢工房：月2回　たわしづくり
- 餅つき大会、夏まつり、避難訓練、プロレス競技、慰霊祭、復興閖上太鼓、蔵王1泊ツアー　など

（立ち上げた理由）

- さまざまな活動を実施することで、子どもや高齢者も含めた仮設住宅の住民が、健康で明るく過ごせるようになり、住民自身に勇気と希望をもたらすと考えたから。
- 仮設住宅に移り住んで心が安定してからは、住民たちから徐々にさまざまな生活・福祉課題や要望が出てくるようになった。こうした住民の困りごとを解決するために、具体的な活動を立ち上げる必要性を感じたから。

（活動を行うための財源）

震災前まで住んでいた地域でふれあい交流活動を実現するために蓄えていた会費

（活動実施の効果）

- 今までの町内会とは違い、住民自身ができることは何かを問いかけながら、さまざまな活動を実施していくことで、不公平感が生まれることなく、みんなが仲よく笑って過ごすことができるようになった。
- 生きていく勇気と希望につながっている。
- 月ごとの行事予定表を配り、急を要することは回覧板やハンドマイクを使って告げている。仮設住宅が小さいので、自治会が行っている活動の情報は、住民全員に周知徹底できている。
- 居酒屋や宿泊ツアーには、周囲にお住まいの方やほかの仮設住宅の方の参加もあり、新たなつながりを深めている。

居酒屋桜の様子

（2012.6 時点）

演習 4　ふれあい交流活動の準備を考えましょう

[演習3]で考えたふれあい交流活動から1つ選んでください
ここからの演習では、その1つの交流活動をもとに演習をすすめていきます

　今後、担当する地域でふれあい交流活動を行うためには、どのような準備が必要でしょうか。＜事例1＞を参考にして、ふれあい交流活動の実施に至るまでの必要な準備を考えてください。

　準備については、下記の項目にそって考えてください。1枚のカードに、①〜⑤の項目ごとに書き出して模造紙に貼ってください。

① どこで行いますか

② 開催日時、頻度はどうしますか

③ 開催する費用、参加費はどうしますか

④ 呼びかけはどうしますか

⑤ どういった内容で開催しますか

⑥ みなし仮設に暮らす人たちを対象に行う場合にはどのような工夫が必要ですか

コラム
支援チーム内での情報をうまく伝えるには？

　私たち人間は多面的な存在です。特に被災者は経験したことのない出来事によって、さまざまな思いを抱えながら生きています。サポーターが垣間見た情報は記録として残し、記録を使って"その人"をほかのサポーターに理解してもらえるようにしましょう。

　また、口頭で言いたいことがなかなか伝わらないという経験はありませんか。わかってもらいたい情報なのに、うまく伝えられない。でもここであきらめないで！　別の人に話してみたらうまく伝わるかしれないし、話す順番を変えたら伝わるかもしれません。伝えることをあきらめず、話す順番を考えたり、伝える内容を整理するなど工夫してみましょう。

支え合い活動をすすめるうえでのプロセス

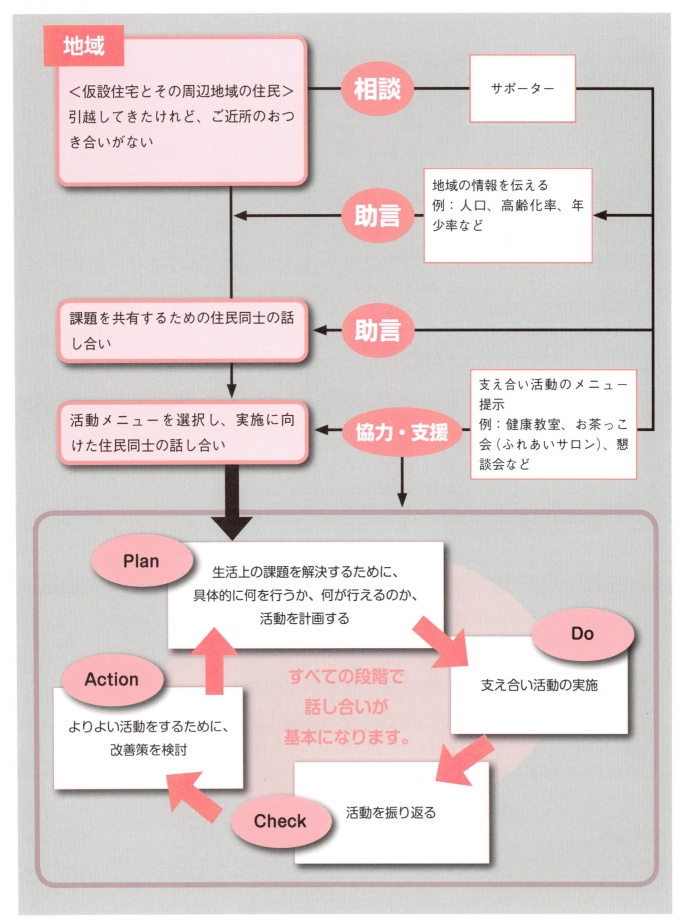

3　ふれあい交流活動を継続するために

　住民同士の支え合い活動をすすめて交流を深めることは、困りごとを一緒に考えて、一緒に解決をすることにつながります。このためには、継続したふれあい交流活動が重要なポイントになります。

演習 5　ふれあい交流活動を継続する方法を考えてみましょう

ふれあい交流活動をひとりで継続することはたいへんです。活動を継続するためには、どのようなことに気をつけたらいいでしょうか
気をつけたほうがいいと思われる点をカードに書いてください。1枚のカードには、1つのことを単語や一語文で書いてください

ポイント4　ふれあい交流活動を継続させるコツ

■ **ひとりで抱え込まない**

　戸別訪問を行いながら、集会所・談話室の運営もふれあい交流活動の実施も……といくつものことをひとりで行うのはたいへんです。一緒に活動してくれる住民を探しましょう。

■ **住民も何かしたい・何かできないかと思っています**

　仮設住宅で暮らす人たちも、これまで住んでいた地域で何らかの活動をしていたかもしれません。また、自宅では身のまわりのことを自分で行っている人がほとんどです。ちょっとしたお手伝いから、特技を活かした活動まで、その人のもっている力を発揮してもらえるように、戸別訪問やふれあい交流活動のときに聞いてみましょう。

■ **話し合いが交流を深めます**

　集会所・談話室の運営方法やふれあい交流活動のこと、地域のことなどを住民と話し合うことでお互いの信頼関係が生まれ、今後の活動が行いやすくなります。ときには、ほかの仮設住宅で行われている取り組みなどについて情報交換できる機会を設けることも有効です。

MEMO

ここでは、仮設住宅でのふれあい交流活動を継続していくために組織の運営方法を工夫をしている事例を紹介します。

活動事例 2　宮城県気仙沼市　気仙沼公園仮設住宅

（活動実施場所）
　気仙沼公園住宅

（活動主体・対象者）
　自治会が主体、対象者は気仙沼公園仮設住宅の住民

（協力団体）
　NPO団体、ボランティアグループ、市社会福祉協議会、行政

（立ち上げの経過）
　当初、住宅内でのゴミ出しがルール化されていなかったり、駐車場不足による無断駐車などのトラブルがあったため、居住者で集まり、話し合いを行った。各世帯が、1か月交代で班長となって自治会活動に参加することを決め、その後、総会を経て、自治会の設立と住宅内のさまざまなルールが決まった。

（活動頻度）
・お茶飲み会：月2回開催。市社会福祉協議会が協力
・ハローワーク相談会：2週間に1回
・集会所の開放：図書コーナーを設置。未就学児童が多いので、子どもと親との交流の場となっている
・NPOやボランティアグループによる各種イベント
・自治会主催としては、いも煮会を実施する予定

（交流活動の効果）
・顔見知りがいない仮設住宅だが、交流活動を通じて顔なじみになって、交流を深めることにつながった。
・ひとり暮らしの人が7世帯あるが、特別な声かけはせずに、日常的にチラシでの案内や拡声器での案内をして、参加をしてもらうようにしている。
・障害のある人も入居しているが、さりげなく見守って、住民みんなで交流している。

（仮設住宅での生活の工夫）
・自治会の班長を1か月交代にして、一人ひとりの参加意識を高めるようにしている。
・買い物が不便であったので、自治会として行政に働きかけて、コンビニの仮設店舗の営業許可を出してもらった。ATMもあるので、仮設住宅の周辺住民からも好評を得ている。
・居住者からの声を聞き、雨漏りや草刈りなどの対応をした。

```
                 副会長        総務部：3人
                 ／            防犯部：2人
           会長 ＜             婦人部：3人（※）
                 ＼            監査：2人
                 副会長
```
班長15人（1か月交代）

※婦人部は、世代間交流を目的にして、PTA卒業者、現役のPTA、乳幼児の親が参加。

（2011.10時点）

＜事例２＞と同じく仮設住宅にて、住民同士が話し合って生活環境を整えたり、ふれあい交流活動を継続するための工夫をしている事例を紹介します。

活動事例 3　宮城県山元町
浅生原箱根（あそうばらはこね）仮設住宅

（活動実施場所）
浅生原箱根仮設住宅

（活動主体・対象者）
浅生原箱根仮設住宅の住民
※活動内容によっては、近隣の仮設住宅の住民、および仮設住宅周辺地域の住民への参加の呼びかけを行っている。

集会所を活用して、手芸を通じて、交流を深める

（協力団体）
NPO団体、ボランティアグループ、町社会福祉協議会、行政

（立ちげの経過）
平成23年6月から仮設住宅への入居開始
入居から1か月が経ち、避難所生活で仲よくなった人たちが、仮設住宅入居後も仲よく過ごせるきっかけとして、ふれあい交流活動を実施したいと考えた。また、呼びかけをして集まる交流の場としても、何か行いたいと考えた。安否確認の場としても有効に機能することができる。

（活動内容・頻度）
- お茶のみ会：漬物とお茶を持ち寄り、おしゃべり
- 料理教室：食事改善として実施。毎回12〜3人が参加
- 健康教室：毎週金曜日13：30〜15：30
  仮設住宅に住む民生委員・児童委員が講師となって活動がスタート。毎回、70歳代の人が18人参加しており、健康教室後にはおしゃべりしながら情報交換をしている
- 子ども向けの活動：夏休みに集会所を開放して、宿題や勉強を教えた。花火大会なども行った

（交流活動の効果）
- チラシや回覧文等で案内し、必要な人には声かけも行っている。健康教室には、近くの仮設住宅入居者や仮設近隣の人たちが参加してくれるようになった。
- ふれあい交流活動に参加することが仮設住宅内で孤立することを防ぎ、住民同士の安否確認の場にもなっている。

（仮設住宅での生活の工夫）
- 買い物に行くことが不便な地域に仮設住宅が建っている。移動販売でコンビニや八百屋、魚屋が来るが、買い物に行けるように行政に要請して、電動自転車を調達した。月2回住民がみんな使用できるようにしている。
- 住民は、退職後の人も多く、生活再建が難しい人も多い。月2回住民同士が集まって、情報や課題を共有しながら解決方法を考えている。

（2011.10時点）

4 仮設住宅から災害公営住宅等への転居に向けた協力関係について知る

　地域で支え合い活動を実施することで、お互いの信頼関係を育むことは可能となりますが、長期的にみると災害公営住宅へ転居することも考えなければいけません。災害公営住宅に転居したあとも、転居前と同じ関係の育み方を活かして支え合い活動を継続することが大切です。

6　周辺地域や関係機関との協力関係を育みましょう

　支え合い活動を継続するためには、周辺地域や関係機関との協力関係が不可欠ですが、どのようにして協力関係を築いたらよいでしょうか。次の①と②の項目について考えてください。1枚のカードには、単語や一語文で1つの内容について書いてください

① 担当している地域にある自治会、ボランティア団体、医療・福祉施設、商店、行政機関など、協力を呼びかけたい機関をあげてみましょう。

② 協力関係を築くためには、どのような工夫が必要ですか？

（注）参考資料「生活課題予測シート」（80頁）、単元6「演習4」（73頁）を参照。

　支え合い活動を行うにあたっては、あなたが担当する災害公営住宅とその周辺地域にある情報だけでは、うまくいかないこともあるかもしれません。そのときには、他の災害公営住宅での活動について、情報交換することも有効な方法になります。
　ここでは、複数の仮設住宅で連絡会を立ち上げ、相互の情報交換を行っている事例を紹介します。

ポイント5　周辺地域とも交流を深めましょう

■ **周辺地域もご近所です**

　災害公営住宅や自分の住んでいるところの住民だけがご近所ではありません。この地域に以前から住んでいて、地域のことをよく知っている住民、ボランティア団体、医療・福祉施設、商店、行政機関等は、不慣れな地域に引越してきた災害公営住宅の住民にとって、心強いご近所になってくれます。

■ **日頃の協力関係は、いざというときの強い味方**

　日常的に交流が深まることで、住民同士が顔見知りになることは見守り活動にもつながっていきます。サポーターひとりでは対応が難しいことが起きるかもしれません。そんなときにも心強い味方になってくれます。

■ **仮設住宅から災害公営住宅等への転居後も、地域とのかかわりは続きます**

　地域のふれあい交流活動は、仮設住宅に限ったことではありません。ここに住んでいる人たちはいずれ災害公営住宅へ転居していきます。仮設住宅での支え合いの経験は災害公営住宅や一般住宅へ移り住んだあと、住民が自分たちで周辺地域と協力したり、活動を立ち上げたりするうえで貴重な経験になります（単元2参照）。

活動事例 4　宮城県山元町 応急仮設住宅等連絡会

（開催の目的）

東日本大震災により応急仮設住宅等に入居している町民が、仮設住宅での生活が円滑で安心して暮らせるよう、各支援団体が提供する支援活動や入居者のニーズに則した支援活動の調整、仮設住宅間の情報交換など、生活再建に向けた各種支援事業等の連絡調整を図ることを目的とする。

（連絡会の構成メンバー）

- 応急仮設住宅行政連絡員・民生委員児童委員連絡協議会
- 町社会福祉協議会・地域包括支援センター・行政

（開催時期）

月2回程度

（連絡会の内容）

各仮設住宅での支援状況、各仮設住宅からの要望など

（参加者の声）

個々の仮設住宅でさまざまな取り組みをしており、お互いを比較することでよい刺激になっている。

（体系図）

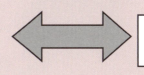

（2011.10 時点）

災害公営住宅へ移り住んだあとも、周辺地域と協力した支え合い活動は継続されます。この支え合い活動は、災害公営住宅の住民が周辺地域から孤立しないための大切な活動になります。東日本大震災の際も、災害公営住宅へ転居した住民を支えるために、周辺地域が協力して活動を行ってきました。周辺地域との協力活動は、災害公営住宅とその周辺地域に支え合いの絆を生み出しました。ここでは、宮城県の事例を4つと阪神・淡路大震災での兵庫県の事例を2つ紹介します。

活動事例 5　災害公営住宅が建設される地域の住民活動
宮城県仙台市青葉区　片平地区

〈活動主体〉
　片平地区まちづくり会
　構成団体：片平地区連合町内会、片平地区社会福祉協議会、片平地区民生委員児童委員連絡協議会、片平丁小学校、片平市民センター・児童館など

〈活動内容〉
　災害公営住宅が建設されることになった宮城県仙台市青葉区片平地区では、新たに住民になる人たちが地域になじみやすいようにと、地区内にある医療機関や防災マップ、歴史やまち案内を掲載したガイドブック『ウエルカム片平』（写真）を2013年3月に完成させた。ガイドブックはA4判64頁のフルカラー。お店やウォーキングコースも掲載されており、地域を知り尽くしている住民自らが取材したからこその情報が盛り込まれている。

　片平地区には、霊屋下（おたまやした）町内会に2か所140戸の災害公営住宅が2014年度に整備されるほか、地区内のみなし仮設に約40世帯が入居している。作成の中心となった「片平地区まちづくり会」は、「はじめての土地での生活は、少なからず不安があると思う。災害公営住宅やみなし仮設住宅（借り上げ賃貸住宅）で暮らす人たちを、同じ地域の一員として歓迎したい」と話す。

『ウエルカム片平』の表紙

　片平地区まちづくり会では、ガイドブックの作成・配付のほか、建設される災害公営住宅がよりよいものとなるよう、市に地元の意見を伝えている。「地域との差ができないように、高い塀はつくらないほうがいいのではないか」「住んでいる場所に関係なく、みんなで使える集会所を整備してほしい」など、新たな地域住民とともに楽しく暮らせるまちづくりの実現をめざす。

（2014.3 時点）

活動事例

6 仮設住宅同士がつながり、災害公営住宅での生活を支える住民活動
宮城県石巻市

〈活動主体〉

一般社団法人石巻じちれん
（前身は「石巻仮設住宅自治連合推進会」。2016年1月法人化とともに改称）
石巻市内の39仮設住宅団地が加盟

〈活動内容〉

東日本大震災により、宮城県石巻市では134か所の応急仮設住宅および5,808戸のみなし仮設（民間賃貸住宅）で3万2千人余りが暮らした（2012年6月ピーク時点）。2016年5月現在は、仮設住宅に3,746戸が住み、入居率は52.6％。そのなかで、39仮設住宅団地が加盟する「一般社団法人石巻じちれん」では、「孤独死をなくそう」を合言葉に、コミュニティづくりに取り組んできた。

1つの仮設住宅ではできないことも、複数の仮設住宅同士がつながることで、市や市社会福祉協議会、支援団体のほか、市立病院や警察署などとも連携を図ることができるようになった。

仮設住宅同士の交流を図るカラオケ歌合戦やスポーツ大会、10世帯ほどの小規模仮設団地同士が交流するバス旅行を企画し、好評を得ている。また、仮設団地を越えた明るい話題づくりや元気を引き出すために、市内に住む特技をもつ人などを発掘して「巻の人間国宝」として認定するユニークな取り組みを行い、隔月発行の情報紙で紹介している。

さらに、仮設住宅同士の交流を促進するために、仮設住宅自治会の役員として頑張ってきた人を「連絡スタッフ」として2014年7月より雇用していることも大きな特徴だ。現在4人の連絡スタッフが住民の目線で生活課題の抽出やつながりづくりを手伝い、大きな存在となっている。

さらに、市が4,500戸の災害公営住宅を建設する計画を受け、2014年4月に住民アンケート調査を実施。災害公営住宅でも新たな人間関係づくりが課題となっているとわかり、朝のラジオ体操による交流や、万が一倒れた場合の緊急連絡先を書き込み携帯する「つながりカード」の普及に努めている。

（2016.7時点）

今年1月に開催した「カラオケ温泉日帰りバスツアー」は大盛り上がり

集会所前でのラジオ体操は、顔つなぎの場

緊急の連絡先を書き込む「つながりカード」を奨励

活動事例 7　災害公営住宅に転居する人と地域住民の交流活動①
宮城県仙台市太白区　鹿野（かの）復興公営住宅

(活動主体)

鹿野復興公営住宅支援者連絡会議

構成団体：鹿野地区連合町内会、地区社会福祉協議会、地区民生委員・児童委員協議会、長町地域包括支援センター、社会福祉法人仙台市手をつなぐ育成会「こぶし」、太白区役所、中核支えあいセンター（仙台市社会福祉協議会）など計14団体

(活動内容)

　仙台市太白区鹿野地区では、災害公営住宅が建設されることから、入居者に早く新しい生活になじんでもらおうと、地域住民らが2014年1月に支援団体「鹿野復興公営住宅支援者連絡会議」を結成した。入居者への支援について協議を重ねつつ、まち案内マップの作成・配布、交流会、サロンなどの取り組みを進めている。

　鹿野復興公営住宅は、鉄筋コンクリート5階建ての2棟、計70戸で、2014年7月に入居が始まった。連絡会議では、同年12月に2回目の交流会「ちょっぴり早いクリスマス」を開催。集会所が建設中のため、隣接する福祉作業所「こぶし」を会場とし、参加した約50人が食事や懇談、近隣の高校生による合唱のコンサートなどを楽しんだ。「地域の人たちが私たちを歓迎してくれるのは、とてもうれしい。安心してここに住める」といった声が多く聞かれた一方、「入居者同士はまだ打ち解けていない。顔を合わせてもよそよそしい感じ。近所づきあいがなく寂しい」と訴える人もいた。

　そこで2015年2月には、高齢者向けのサロンを開始。また、入居者自治の立ち上げも支援した結果、公営住宅内の世話人らが決まって、地元の鹿野町内会（約800世帯）に編入する運びとなった。その後、公営住宅内の集会所が完成し、入居者と共同利用したいとの地域住民の意向が反映された。さらに自治を進めるなかで、公営住宅内の世話人も数を増やして各階ごとに配置するなど、入居者たちも積極的に活動している。

　連絡会議の代表を務める連合町内会会長は、「入居者同士だけでなく、地域住民とも顔の見える関係を築きたい。そうすれば孤立や孤独死を防止できる」と意気込む。

(2015.4時点)

活動事例 8　災害公営住宅に転居する人と地域住民の交流活動②
宮城県気仙沼市　南郷地区

(活動内容)

　気仙沼市内で第1号の災害公営住宅となった南郷住宅は、集合住宅型の3棟からなり、東日本大震災で統合・閉校となった市立南気仙沼小学校跡地に建設。2015年1月に第1期の75戸が入居し、同年3月に第2期90戸の入居が始まった。

　建設中の2014年6月、市社会福祉協議会と南郷1区・2区の自治会、地区社会福祉協議会などとの意見交換が開かれた際に、地元住民が災害公営住宅の具体的な様子が見えないために漠然とした不安を抱えていることがわかった。そこで8月、南郷1区自治会の夏祭りに入居予定者を招いて交流し、9月には地域住民による勉強会を開催。また、南郷住宅入居者対象の事前説明会等において実施された、5回の住民交流会に地元住民が参加・協力を行った。交流会では、入居予定者に地元の自治会長から歓迎の

南郷住宅の外観

メッセージが寄せられ、入居者同士や地域住民との顔合わせの場となった。また、仮設住宅時から顔なじみの相談員が、自治会長や南郷住宅に配置となるLSAに入居予定者を引き合わせ、途切れがちな転居期の支援をつなげる役割も果たした。

入居後の2015年6月には、地元の有志による実行委員会形式で入居者歓迎交流会が開かれ、南郷住宅の自治会（南郷3区）も発足。2016年の夏は、南郷住宅を含めた南郷1区～3区での合同夏祭りが企画され、新たな住民が着実に地域に溶け込んでいる。

（2016.7時点）

南郷地区災害公営住宅説明会・交流会

活動事例 9　周辺地域との協力活動
兵庫県宝塚市・県営福井鉄筋住宅

▶動画あり　https://youtu.be/684BFQZwO8s

（活動実施場所）
県営福井鉄筋住宅集会所

（活動主体・対象者）
県営福井鉄筋住宅の住民および周辺地域住民

（協力団体）
ボランティアグループ、コミュニティ組織、NPO団体、宝塚市社会福祉協議会、兵庫県看護協会

ふれあい喫茶で地域との交流が深まります

（設立日・活動頻度）
・ふれあいサロン喫茶「ほんわか」2006年7月：毎月第2金曜日13時30分～15時30分
・なんでも相談「和みの場」2007年6月：毎月2・4金曜日13時30分～15時30分
・会食会　2008年3月：毎月第4金曜日11時30分～13時30分
・ミニデイサービス　2011年5月：毎月第1第3第5金曜日11：00～15：00

住民と関係機関が一緒に相談を受け付け

（立ち上げた理由）
・高齢化がすすみ、住宅内でも地域でも交流の機会が少なくなってしまった復興住宅において、地域住民や福祉施設の利用者と交流する機会を設けるため。
・生活上の困っていること、悩んでいること、どこに相談すればよいかわからないことなど、安心して話のできる場をつくることで、住民とコミュニティ組織、関係機関などのさまざまな人がつながれるようにするため。

（立ち上げの経過・役割分担）
・2006年6月頃　当時県営住宅を担当していた民生委員・児童委員より、市社協の復興相談員と県営住宅自治会長にふれあいサロン立ち上げの相談が寄せられた。
・県営住宅自治会：自治会長としても交流の場を必要としていたが、高齢化にともない住宅としてサロンを

単元5　住民同士の支え合い活動の理解

運営できる人がいないことで、これまでサロン立ち上げを断念していた。
- 民生委員・児童委員：地域で一緒に活動をしているボランティアグループが中心になってサロン活動を行うので、自治会には住民の誘い出しやサロンのサポートという立場を取ってもらうことをお願いした。
- 市社協：復興相談員も住民の誘い出しやサロンのサポートという立場を取り、地区担当職員は、復興住宅周辺地域のコミュニティ組織やNPO団体と連携を取ることができるように調整を行ったり、サロン運営方法に関する支援を行った。

＜なんでも相談「和みの場」＞

- 2007年2月頃　コミュニティ組織より市社協の地域担当職員に、福祉総合相談窓口の立ち上げに関する相談が寄せられた。背景には、コミュニティ組織が策定した「まちづくり計画」に相談窓口の立ち上げが記載されていたこと、「顔見知りの地域で対応したほうが、何でも相談に応じることができる」というコミュニティ組織内から意見が出たことによるものだった。
- コミュニティ組織：相談窓口の運営方法や方向性についての研修や会議を市社協と一緒に実施した。開催場所として、県営住宅を設定し、自治会と協議を行った。
- 県営住宅自治会：相談窓口を開催するために、住宅の1階の一部屋（当時は物置として使っていた場所）を相談室として提供した。
- 市社協：相談窓口を立ち上げるために、各専門分野への協力のお願いとコミュニティ組織との会議や研修会を実施した。
- 2007年6月　なんでも相談「和みの場」開設。ふれあいサロンと同日の開催にし、参加者がサロンと相談窓口の両方を行き来することができるようにした。

（活動を行うための財源）

ふれあいサロン参加費（喫茶は100円、会食会は400円）
助成金（市社会福祉協議会助成金、ひょうごボランタリー基金助成金）

（活動実施の効果）

- サロンに参加することによって、この場所に復興住宅があることすら知らなかった地域住民との交流が深まった。
- 地域住民が相談員となって相談を受けることで、相談内容に応じて地域福祉活動や趣味活動、民生児童委員に迅速につなげることができた。また、なんでも相談「和みの場」という新しい活動づくりにつながった。
- 地域住民と関係機関ともに相談を受けつけたことで、「地域に住み続けるためには、地域住民と一緒に支えていく必要がある」ということに関係機関が気づき、相談窓口以外の場でも協働しやすくなった。

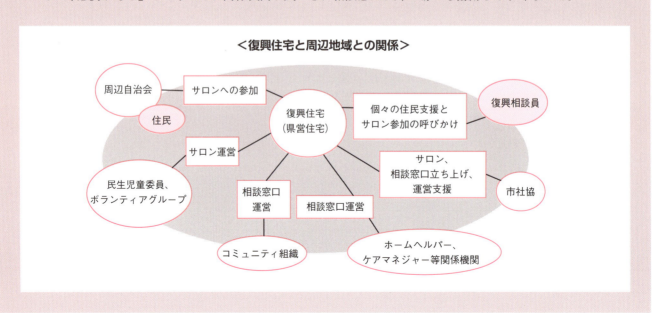

＜復興住宅と周辺地域との関係＞

活動事例 10 仮設住宅から復興住宅・恒久住宅に転居したあとの支え合い活動

兵庫県宝塚市・ふれあいサロン喫茶みなみ

▶動画あり https://youtu.be/w2U9EQ891MQ

〈活動実施場所〉
　市営安倉南住宅集会所

〈活動主体・対象者〉
　市営安倉南住宅の住民、周辺地域住民

〈協力団体〉
　市営住宅担当民生委員、コミュニティ組織
　ボランティア団体
　市社会福祉協議会（地区担当職員、復興相談員）
　兵庫県看護協会、知的障害者施設

交流が深まり、日常的な見守りにつながります

〈設立日・活動頻度〉 1999年10月　毎週土曜日13時～15時30分

〈立ち上げた理由〉
- 宝塚市内のさまざまな仮設住宅から転居してきた住民同士が交流を深めていくため。
- 住宅内にひとり暮らしの人が多いので、誰かと話ができる場を提供するため。
- 住宅のある周辺地域の住民に復興住宅を知ってもらい、交流を深めるため。

〈立ち上げの経緯〉
- 1997年4月　市営住宅入居
- 1997年夏頃　民生委員・児童委員が市営住宅の管理人に働きかけて自治会設立。市営住宅の世帯のみで設立された自治会となった。
- 自治会を設立して落ち着いた頃に、自治会役員から「ふれあいサロンのようなものをつくったらどうだろう」という提案が市社協職員へ寄せられた。
- 市社協職員からは、地元の福祉活動団体へ声をかけて立ち上げるための協力を依頼し、いくつかのボランティアグループには、必要な物品の手配や製作を依頼した。
- 1999年10月頃　サロンのオープンに向けて、市営住宅周辺の戸建て住宅にもチラシ等で開催の案内を行った。
- 1999年10月23日　市営住宅にてサロンを開設。復興相談員は、閉じこもりがちなひとり暮らしの人の誘い出しを行った。

〈活動を行うための財源〉
　参加費（100円）
　助成金（市社会福祉協議会助成金、ひょうごボランタリー基金助成金）

〈サロン開設の効果〉
- 高齢で足腰が弱ってきても、住宅内にサロンがあるので、無理なく集うことができた。
- これまで生活していた地域とはまったく異なる場所と環境の中で、年齢や障害等の理由により、人間関係の構築が難しい人同士が集まった住宅だったが、お互いが顔見知りになることで、参加者同士のちょっと

単元5　住民同士の支え合い活動の理解

した変化にも気づくようになった。また、精神疾患があっても認知症になってもお互いの状況を理解して、支え合う関係をサロンの中に育むことができ、日常的な見守りにもつながった。
・近隣の住民が参加したことで、復興住宅入居当初にあった地域とのわだかまりを解消することができ、交流も深まった。
・みんなでお茶出しや片づけをしていったことで、参加者一人ひとりがサロンをつくっているという意識をもつことができた。

(2011.10 時点)

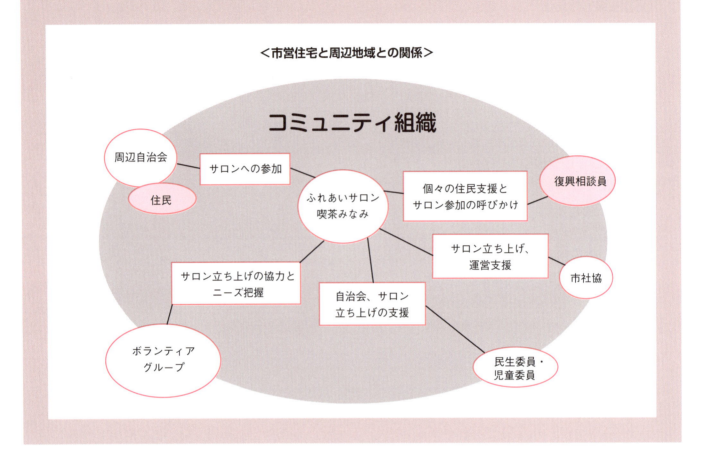

＜市営住宅と周辺地域との関係＞

ポイント6　支え合い活動の5つの効果

■ **生活・福祉問題の早期発見**
　地域住民の福祉に対する関心が高まり、生活・福祉課題の早期発見につながります。

■ **福祉情報の伝達**
　生活・福祉課題を抱えている家庭では、福祉制度などの情報が不足しがちです。
　福祉情報を知り、伝えるのも支え合い活動の大きな役割です。

■ **緊急対応**
　生活・福祉課題を抱えている家庭やひとり暮らしの高齢者は、緊急時に十分な対応ができません。日常的に緊急時の素早い対応ができる態勢をつくっていくのも、この活動の重要な役割です。

■ **支援体制づくり**
　生活・福祉課題を抱えている家庭、離れた地域から引越してきた人は孤立しがちです。みんなで支え合う体制をつくるために、継続した訪問やつどい場の開催は、住民を支え励ましていく大切な役割のひとつです。

■ **支え合う意識づくり**
　地域にはさまざまな生活・福祉課題を抱えた人が数多くいます。地域住民一人ひとりに相互の助け合い精神を養い、地域全体の問題として考えていく意識づくりにつながります。

注）自治会など住民に身近な地域での支え合い活動を「小地域福祉活動」と呼んでいます。

参考

支え合い活動として次の活動が考えられます

① **学習活動**
　健康教室、介護予防教室、認知症予防教室、消費者被害予防教室、防災防犯教室など

② **交流活動**
　縁側交流（井戸端会議）、会食会（コミュニティカフェ）、健康体操、お茶っこ会（ふれあいサロン）、季節行事（お祭り）、カラオケ大会、子育てサークルなど

③ **支え合い活動**
　ゴミ出し、友愛訪問・電話、外出支援（送迎、受診の同行、買い物など）、日曜大工、簡単な電気工事、引越し・模様替え、パトロール、ペットの散歩など

④ **話し合いの活動**
　地域懇談会（仮設住宅とその周辺地域）、行政・関係機関との情報交換会、役員会など

● サポーターが住民同士の支え合い活動を支援するためのチェックポイント

[単元5]では、住民同士の支え合い活動への理解について学びました。支え合い活動を行うためには、地域と協力することが大切になってきます。
今後、支え合い活動を行うためには、以下の点に留意して活動を行ってください。

＜地域での生活について＞

☐ 住民同士で生活上のルールを決めていますか。
☐ 行政・関係機関の連絡窓口となる人は決まっていますか。

＜支え合い活動の実施と集会所・談話室運営について＞

☐ 地域で情報を得る人や活動に協力してくれる人はいますか。
☐ 集会所・談話室が住民にとって自由に使うことのできる場所になっていますか。
☐ 集会所・談話室が、人や情報の集まる場所になっていますか。
☐ 支援者もしくは住民のリーダー（自治会長）が、集会所・談話室の運営方法や交流活動などをひとりで決めていませんか。
☐ 集会所・談話室の運営方法や交流活動の内容などについて、住民全体の声を聞いて、話し合う場を設けていますか。
☐ 「できない」理由をみんなで考えるような消極的な話し合いになっていませんか。
☐ 話し合った内容は記録して、参加者で共有していますか。

＜ふれあい交流活動について＞　※ふれあいサロンのチェックポイント参照（93頁）

☐ 誰もが参加することのできるふれあい交流活動になっていますか。
☐ 介護者や障害者など、支え手の必要な人たちも参加できていますか。
☐ 交流活動に参加してもらうために、繰り返し声かけをしていますか。

＜周辺地域との協力について＞

☐ 周辺地域のコミュニティ組織や医療・福祉施設、商店、行政機関等について把握していますか。
☐ 必要に応じて、地域住民や地域内外の関係者からの協力を得るようにしていますか。
☐ ほかの地域での活動等について、情報交換をする場を設けていますか。

住民による見守り活動の方法と関係機関・団体との連携

ねらい

1. 被災者同士や近隣住民による見守り・支え合いの意義と方法を学ぶ
2. 住民による見守り・支え合いと専門職との連携について学ぶ
3. 被災地域、仮設住宅周辺の地域の情報を知る方法を学ぶ
4. いざというときの対処の方法を学ぶ

1 被災者同士や近隣住民による見守り・支え合いの意義と方法

単元5では住民同士の支え合い活動の考え方とふれあい交流活動について学びましたが、ここでは「ふれあい交流」から「見守り・支え合い」について学びます。

被災者の情報は近くに住む被災者が一番よく把握しています。被災者同士の交流を促したり、集まる機会を増やすことでお互いが支え合う関係になることが大切です。

演習1　孤立死を防ぐためにサポーターのできることを考えてみましょう

次の事例について考えてみましょう

孤立死事例

　ある仮設住宅を担当していたサポーターの成美さんは、ひとり暮らしの太郎さんが気になっていました。最近元気がなく、ふさぎ込んでいるように見えたからです。しかし、毎日訪問するわけにもいかず、気になりつつも2週間がたったある日、仮設住宅の住民から電話がかかってきました。太郎さんのお隣の人でした。「最近、隣の太郎さんの部屋から何の音も聞こえないし、新聞がたまっていますが、どこか、入院でもしておられますか？」。

　成美さんは心臓が止まりそうでした。急いで駆けつけた結果は最悪の状況でした。亡くなって1週間が経っていました。しかも、成美さんが手渡した「ふれあい広場」のパンフレットを握りしめたまま…。

この状況に至るまでにサポーターとして、「すぐできること」「少し考えてできること」「計画を立てればできること」の3つを考えてください。

演習 2　見守りや支え合いを住民同士でつくっていくにはどのように働きかけたらよいでしょう

【演習1】の孤立死があったあと、この仮設住宅では次の2つの変化がありました。今回は被災者の花子さんの視点から見ています。この2つの事例を比べてみてみましょう

たくさんの支援者が訪ねてくるけれど……

　あの事件があってから、この仮設住宅に入居している花子さんはあることに気がついていました。月曜日になると数人の制服を着た人たちがうろうろしています。ひとり暮らしの花子さんのところにもやってきました。「こんにちは、市役所の青森です。お変わりないですか？」「はぁ、ありがとうございます。特に」。次の日も同じように「こんにちは。地域包括支援センターの秋田です」。次の日も次の日も「宮城デイサービスセンターです」と。

　こうして月曜日から金曜日まで誰かが訪ねてくるようになったのですが、数か月たったころ、花子さんはとても不安になりました。土曜日の夜、急に胸が苦しくなったのです。しかし、相談するところがありませんでした。いつも訪ねてくる人たちは、土曜日、日曜日、夜間は連絡がとれません。少し、話ができるようになっていた近所の岩手さんが頭に浮かびましたが、最近、岩手さんがデイサービスに行くようになってから会うことがなくなり、声をかける勇気が出ません。眠れぬ夜を過ごした花子さんに急に被災当時の悲しみが押し寄せてきました。「何で、ひとり残ってしまったのだろうか…」。

縁側から始まった住民同士のつながり

　あの事件があってから、この仮設住宅に入居している花子さんはあることに気がついていました。「ひとり暮らしの自分にも同じことが起きるかもしれない。誰も知らない新しいところだけど、じっとしていてはいけない」。こうして、花子さんは縁側にビールケースを裏返しに置いて座り、通る人にあいさつを始めました。数日すると同じひとり暮らしの岩手さんもビールケースに座り、話し込むようになりました。そうしていると、一人二人と増え、日傘を差していた集まりに日差しがきついので誰かがビーチパラソルを立てかけてくれました。

　そんなある日、岩手さんが来ません。心配になった花子さんは訪ねていきました。すると岩手さんは風邪をひいて寝込んでいました。「ごめんなさい。連絡したかったけど、連絡する方法がなかったの」「ちょっと、待ってて。今、仮設住宅を回っているサポーターの成美さんを呼んでくる！」。駆けつけた成美さんは、地域包括支援センターとかかりつけのお医者さんに連絡しました。早速、お医者さんの往診を受けた岩手さんは「今日はたまたま花子さんが訪ねてくれたから助かった。でも、ひとり暮らしの人はほかにもたくさんいます。もしも、こんなことが起きたらどうすればよいのでしょうか」と言いました。「そうね、こんなことが起きたときのためにも何かいい方法を考えましょう」とサポーターの成美さん。

　数日後、元気になった岩手さんとサポーターの成美さん、地域包括支援センターの職員を囲んで、5～6人が集まり、みんなで「見守り」の方法を考えていました。そうすると、この仮設住宅の代表が声をかけてくれました。「皆さん、ここで集まって話がはずんでいるのですが、これから外は寒くなります。今度、この仮設住宅に集会所ができます。その場所を使ってください」。こうして、ビールケースにビーチパラソルの集まりはそのまま集会所へと移行していきました。

1) あなたが日頃、楽しい場面と感じていることを話し合いましょう。
2) 上の2つの事例を比べて、よいところ、改善すべきところ、感じたことを話し合いましょう。

演習 3　具体的な見守り活動について考えてみましょう

【演習2】の2つめの事例では、「住民同士の見守りの話し合い」が行われています
この話し合いの続きをグループで考えましょう

- ●たとえば
  - ・具合が悪いときは窓に「SOS」と書いた黄色いタオルをかける
  - ・マグネットの「安心マーク」をつける（表はニコニコ。裏はメソメソ）
  - ・集会所や談話室を利用した「サロン」活動など
  - ・もちつき大会後に、欠席者へおもちを配り、安否確認
  - ・新聞をご近所同士で共同購入し、回覧して読む
  - ・仮設住宅内の回覧板＝必ず、顔を見て、手渡しする
  - ・電気をつけっぱなしにしていないかどうかの確認
  - ・新聞受け、郵便ポストに新聞、手紙がいっぱいになっていないかどうかの確認

ポイント1　住民による見守り活動

■ お互いに心地のよい自然な見守り・支え合い活動を

　住民による見守り活動は、お互いが安心して心地よく暮らせるためのものです。監視が目的ではありません。サポーターは、このことをよく理解したうえで、住民に働きかけることが大切です。

■ 日常的に、住民が役割を発揮できる活動を

　お互いが心地のよい自然な見守り活動とはどのようにすすめればよいのでしょうか。演習3で考えたさまざまな方法がありますが、すすめ方のポイントは、「日常的に取り組めること」、そして「住民がそれぞれの力や役割を発揮できること」です。

■ 住民による見守り活動を探してみましょう

　たとえば、「巡回パトロール隊」を結成して、登下校の子どもたちの見守りをしている地域があります。この活動のミソは、パトロール隊として住宅内を散歩する男性を募集したことです。男性の活躍の場ができ、奥さんもご主人の地域貢献に鼻高々です。パトロールで気づいたことは、地域のサロンで報告され、民生委員・児童委員とサロンボランティアとで情報交換や話し合いが行われています。

　こうした見守り活動は、すでにそれぞれの地域で創意工夫を凝らして行われているかもしれません。まずは、住民による見守り活動を探してみましょう。そこから、サポーター活動との連携が生まれます。

2　住民による見守り・支え合いと専門職・外部ボランティアとの連携について

住民同士の見守り・支え合いだけでなく、他機関とつなぐことで、さらに被災者の生活は安定します。花子さんの事例から見てみましょう。

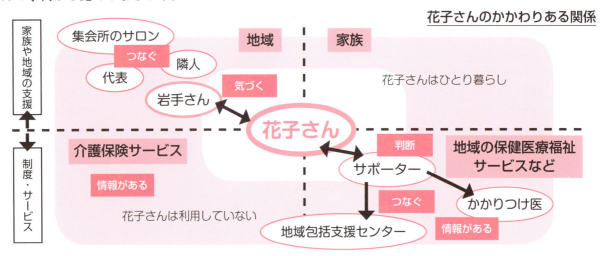

花子さんのかかわりある関係

ポイント2　住民との関係のもち方は声かけ、信頼づくりから

■ **住民の見守りは日常的な生活の中にあります。隣人・近隣・友人はお互いの変化に早期に気づいています。そのような気づきをサポーターへの知らせや要支援者へのかかわりに変えるための関係づくりをしましょう。**

①サポーターが気軽に声をかけ、話しやすい関係性をつくること。住民からSOSが出しやすい関係をつくることが大切です。

②地域にある趣味の会（カラオケ、囲碁、手芸等）など地域の文化や風土に合った集まりを発見し、関係づくりに生かしましょう。

③要支援者には、地域の行事や集まりへお誘いしましょう。顔見知りのサポーターからお誘いがあると参加しやすくなります。

ポイント3　住民目線が大切－専門職のつなぎ方

■ **サポーターや専門機関は仕事で支援を行いますが、住民は共感（気持ち）で支え合いや見守りを行います。その違いに留意して協働しましょう。**

①ときには住民の目線で物事を見ることによって、住民、自治会と専門機関の両方の立場を理解しながらつなぐことができます。

②行政や専門機関が住民と交流や話し合いができる場をつくるなど、橋渡しや、仲介役を引き受けましょう。

ポイント4　住民からのSOSを受け止めるルールづくりを

■ **SOSを発信できる地域が安心した地域です。**

①もしものときの連絡方法などを住民、自治会とサポーター、専門機関の間でルール化しておきましょう。

②住民から気軽に専門機関につなぐ方法が明確になれば、見守り活動は活発に行われるようになります。

3 被災地域・仮設住宅周辺の地域の情報を知る方法について学ぶ

地域の情報を集めておくことは、訪問のきっかけとなるだけでなく、被災者がいち早く地域になじみ、安心して生活できることにつながります。地域の資源マップ情報づくりは、仮設住宅・被災地域の高齢者、子育て中の親、障害のある人、また、民生委員・児童委員やさまざまな専門職と一緒に作成してみましょう。

演習 4　地域の資源マップ・情報づくりをグループで作成しましょう

ここではカード整理法を用いて情報を整理していきます
まず、生活するうえでどのような情報が必要かをあげてみましょう

生活	医療	住宅	金融	安全
例：電気	例：病院	例：修繕	例：銀行	例：警察

　これが完成すると「生活マニュアル」となります。地元に帰ってこれらの情報があるかどうかを確認し、追加や見直しをしましょう。もしなければ、行政、社会福祉協議会、住民などと相談し、作成しましょう。

コミュニティ状況チェック表（83頁）を参照

ポイント5　サポーターは地域のもの知りに！

■ 地域にはさまざまな社会資源（日常生活資源）があります。探してみましょう。

■ 日頃から他の関係者とも情報交換をして、地域のもの知りになりましょう。

■ 被災者の生活環境、社会背景、性格、価値観を把握すると、的確なアドバイスができます。

■ はじめてサービスを使うときは、サポーターがかかわることでスムーズに関係機関につなげます。

4 いざというときの対応の方法について

ここでは、緊急時の対応について学びます。被災者は、ストレスや孤独、環境の変化などから体調が急に変化することがあります。適切な対応方法を学ぶことで、いざというときの心構えができ、あわてないで安心して対応できるようになります。

（1）本人や家の中の様子の観察

ポイント6　おかしさに気づく見守りポイント

- 日々の訪問中の些細な変化（話す内容、顔色・体調等）をキャッチしましょう。
- 在宅していること、もしくは不在にしていることが多くなるなど、日常の居場所の変化に気づきましょう。
- 訪問販売、見かけない人の出入りに注意しましょう。
- カーテンの開閉状況、洗濯物の状況を見ましょう。
- 物の散乱、ゴミのたまり具合を見ましょう。

（2）緊急マニュアルの確認

ポイント7　ふだんから確認！　緊急時の対応

- もしものときの連絡方法を確立しておきましょう。
- 時間外や休日対応も考えておきましょう。
- 鍵がかかっている、応答がない場合などの入室の方法も考えましょう。
- 緊急対応後、家族や近隣、自治会などへの対応も考えましょう。
- 防災や避難訓練、心肺蘇生法の訓練をしましょう。

演習5　緊急のことが起きたとき、どのように対処すべきかを学びましょう

次の事例について考えましょう

家の中から応答がない

　サポーターの恭子さんは、ひとり暮らしの太郎さん宅を訪問しました。
「こんにちは！」。家の中から応答はありません。何度か大きな声で呼んでみましたが、それでも応答はありません。耳を澄ましてみると、テレビの音が聞こえます。
　恭子さんは、急に不安になりました。

　さぁ、このあと次の①〜⑤の場面が起きました。その後の対処の方法をグループで考えてみましょう。

場面設定
　①鍵が開いており、中に入ると太郎さんが倒れていました。意識はありますが動けません。
　②鍵が開いており、中に入ると太郎さんが倒れていました。呼んでも応えません。意識はありません。
　③鍵が開いていません。太郎さんの息子さんは近くの工場で働いていることを聞いていました。
　④鍵が開いていません。太郎さんはまったく身寄りがないと言っていました。
　⑤鍵が開いていません。そのうちに窓から煙が出てきました。

ポイント8　緊急時のチェックポイント

■ ポストの新聞や郵便物の取り込み状況を確認しましょう。

■ ガスメーターや電気メーターのチェック、電気の消灯などはどうなっていますか。

■ 周囲のにおいに変化はありませんか。

■ 緊急時に備えて、「緊急れんらくばん」などの整備をしておきましょう。

■ 部屋に入るときは複数で入りましょう。

■ 異常を発見した場合は、部屋の状況を必要以上に変えないでおきましょう。

■ あわてないで「１１９番」「１１０番」通報できるように日頃から訓練をしましょう。

※緊急時対応マニュアル（91頁）、緊急れんらくばん（92頁）参照

単元6　まとめのポイント　サポーターは地域づくりの仕かけ人

■ 被災者の生活を知り、求めているものを把握するサポーターは地域づくりの仕かけ人になります。

■ さまざまな情報交換の場をつくることによって、被災者と関係機関がふれあう機会となります。

■ 地域が抱えている問題を、被災者と同じ視点で見てみましょう。

■ 日頃から緊急時に備えてどのような対応をすればよいか、被災者と考えてみましょう

■ いざというときの対応はひとりで考えずに、被災者やその家族、関係機関と共有しておきましょう。

メッセージ

サポーターを孤独にしないで

　サポーターになられた皆さま。これからのことを考えると不安がいっぱいではないですか？　阪神・淡路大震災の仮設住宅の担当者（ここでは「サポーター」）から「ひと言」だけ。阪神・淡路大震災を経験した兵庫県明石市では、保健医療福祉システムが中心となり、震災2か月後から「仮設住宅ケアネットシステム」（下図参照）を立ち上げました。市内を8つのブロックに分けて「仮設住宅ケア連絡員配置機関」を設置しました。私たちは、2年間、毎日、毎日仮設住宅を回りました。次々と起こる問題に翻弄されながら。でも、2か月に1回開かれる「仮設住宅ケアネット推進委員会」で、仮設住宅の中で起きたこと、被災者の問題、連絡員の日頃の悩みを聞く場が設けられました。そこは、医師会を含む保健・医療・福祉関係者や、市役所、市社会福祉協議会等が課題や悩みを共有し、解決策を考える場にもなりました。

　被災地にサポーターの先輩はいません。誰もがはじめての出来事です。でも、手探りであっても誰かと手をつなぎましょう。

　行政、社協や専門機関にお願いです。サポーターやその身近な支援者を孤独にしないでください。サポーターや身近な支援者は日々の相談に、身も心も捧げようとします。一刻も早く、支援者への支援体制を確立してください。

　遠く離れたかつての被災地のサポーターからの心からのお願いです。

　地域活動を含む幅広い支援を続け、被災者が自らの人生を歩もうとする頃、きっと、復興の光は明るく輝きます。

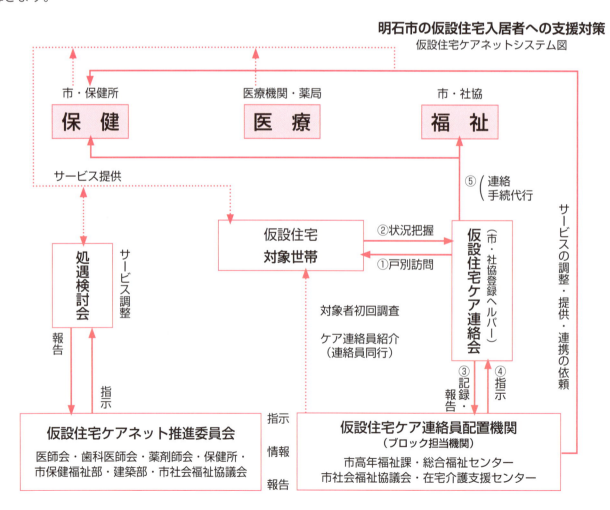

明石市の仮設住宅入居者への支援対策
仮設住宅ケアネットシステム図

〈福祉を理解する基本用語〉

ニーズ：生活課題・社会的必要のこと。本人や家族が援助してほしいと望んでいるもの、客観的にも必要と思われること、または、専門職から見て援助が必要と思われるものなどを指す。暮らしの場では、住民本人自身が気づいていなかったり、我慢していることで埋もれていることが多く、そのようなニーズは近隣の見守りから発見される場合が多い。

生活の質：生活の質を高めるとは、その人が満足感や充足感をもって安心できる生活ができるようになることを意味する。生活の場のさまざまな環境を整えることで、本人の望む生活をよりよいものにするように働きかけることは、支援に必要な視点である。QOL（quality of life）ともいう。

社会的孤立：人はさまざな人や組織などの地域社会の関係の中で生活している。このような地域社会関係をもとうと思っても、その関係を育めない状態を「孤立」と呼ぶ。また、その「孤立」が個人の要因ではなく、少子高齢化や災害などの社会的な要因によってもたらされる孤立の状態を「社会的孤立」と呼ぶ。

DV（ドメスティック・バイオレンス）：配偶者や交際相手などの親密な関係にある人物（おもに男性）から（女性へ）の暴力。殴る蹴るといった身体的な暴力だけではなく、怒鳴る、罵るなどの心理的暴力、性的暴力、生活費をわたさないなどの経済的暴力、行動を制限するなどの社会的暴力がある。親子間の暴力に対して使われることもある。

ふれあいサロン活動：仲間づくりやちょっとした助け合いといったふれあい活動をとおして、住民同士の絆をつくる活動。孤立防止や介護予防などを目的に、お茶会や健康体操などのさまざまなプログラムを、その地域の実情に応じて、住民同士でつくりあげていく。場所は、地域の集会所や個人宅など、どこでもできるもの。

コミュニティ組織：概ね小学校区を基本とした地域にある自治会、地区福祉委員会、PTAなどの住民の交流、教育・文化・環境・福祉・安全などを目的として地域活動を推進する組織のこと。

NPO：NPO（non-profit organization）とは民間非営利組織といわれるもので、営利を目的としない団体をいう。NPO法人（特定非営利活動法人）とは、特定非営利活動促進法（平成10年施行）に基づき設立された法人格をもつ団体を指す。保健・福祉、まちづくりなどを活動分野とする団体は多い。

ボランティアセンター：ボランティア活動の支援のために社会福祉協議会等に設置されている機関。ボランティア活動の啓発、活動の支援、プログラム開発などを行っている。災害時には、災害ボランティアセンターとして、全国から駆けつけたボランティアと泥出しや被災した家の片づけなどのニーズとの調整を担った。災害ボランティアセンターの多くは、その後、復興支援ボランティアセンターへと衣替えしている。

民生委員・児童委員：各市町村の区域において住民の福祉のために活動する行政委嘱ボランティア。民生委員は民生委員法に基づき、任期は3年。おもな活動内容は、担当地区の住民の生活状態を把握、生活援助、相談・助言・福祉サービス情報の提供など。地域の社会福祉事業者等と連携し、関係行政機関に協力することが規程されている。市町村の区域において、児童および妊産婦の保護、保健・福祉についての援助を行う者を児童委員といい、民生委員が充てられる。任期は3年。おもな活動内容は、課題を抱える児童や母子家庭の相談・支援、地域の児童の健全育成活動、児童虐待防止への取り組みなど。民生委員・児童委員を民生児童委員と略して呼ぶこともある。

社会福祉協議会：住民の地域福祉の推進を目的として市町村に設置されている社会福祉法人。福祉事業の調査・研究、企画、助成、普及などを行う。市町村社会福祉協議会と都道府県社会福祉協議会、中央組織として全国社会福祉協議会がある。略称は社協。

地域包括支援センター：地域の高齢者の心身の健康保持や生活の安定のために必要な援助を行うことを目的として設けられた市町村の機関。おもな業務は、介護予防ケアマネジメント、総合相談、権利擁護、介護予防支援など。保健師、社会福祉士、主任介護支援専門員が各1人配置するよう定められている。

保健所：地域の公衆衛生の向上と増進を目的とした行政機関。地域住民の健康保持や疾病予防、環境衛生等にかかわる業務を行う。都道府県、指定都市、中核市等に設置されている。保健所は広域的、専門的拠点として機能し、身近な健康相談、保健指導などは市町村保健センター等が行っている。

参考：五訂社会福祉用語辞典（中央法規出版）
厚生労働省老健局振興課資料

●参考図書

東日本大震災・被災者支援のための
サポーターワークブック読本
- 編者：藤井博志、荻田藍子　　http://www.clc-japan.com/

東日本大震災・被災者支援のための
サポーターワークブック【災害公営住宅等への転居期編】
- 編者：東北関東大震災・共同支援ネットワーク　被災者支援ワークブック編集委員会
- http://www.clc-japan.com/books/detail/4041

地域でともに暮らすための
支え合い活動・サービスのすすめ
―支え合い活動や生きがい仕事、生活支援サービス事業の立ち上げ支援講座テキスト―
- 編者：髙橋誠一、大坂純、志水田鶴子　　http://www.clc-japan.com/research/2013_08.html

東日本大震災・地域生活支援
「困った」ときのQ&A
- 監修：大坂純　　http://www.clc-japan.com/research/2013_03.html

マンガでわかる
災害公営住宅への転居期の課題と地域コミュニティづくり

改正介護保険における「新しい地域支援事業」の
生活支援コーディネーターと協議体
- 監修：吉田昌司　　● 編者：髙橋誠一、大坂純、志水田鶴子
- http://www.clc-japan.com/books/detail/4080

東日本大震災・被災者の暮らしを豊かにする
月刊「地域支え合い情報」
- 編集：東日本大震災・共同支援ネットワーク　地域支え合い情報編集委員会
- http://www.clc-japan.com/sasaeai_j/index.html

生活支援コーディネーター養成テキスト
- 監修：吉田昌司
- 編者：髙橋誠一、大坂純、志水田鶴子、藤井博志、平野隆之
- http://www.clc-japan.com/books/detail/4096

住み慣れた地域で暮らし続けるためのお宝探し情報紙
隔月刊「MIYAGIまちづくりと地域支え合い」
- 編集：宮城県地域支え合い・生活支援推進連絡会議　　● http://www.clc-japan.com/sasaeai_m/index.html

被災者の暮らしを豊かにするための
季刊「くまもと地域支え合い情報」
- 編集・発行：熊本地震・共同支援ネットワーク
- http://www.clc-japan.com/images/km_jishin/km_s_1.pdf

奥会津の知見を活かす！
東日本大震災 被災地復興における『地域支え合い実践ガイドブック』
- http://www.clc-japan.com/research/2015_05.html

DVD「地域でともに暮らす地域支え合い活動 実践のすすめ」
- http://www.clc-japan.com/research/2015_05.html

地域で、自宅で、いきいきと暮らし続けるために
郡山市の「通い場」

地域生活応援誌JUNTOS87号
地域共同ケアのすすめ
- http://www.clc-japan.com/books/detail/4083

地域生活応援誌JUNTOS88号
支え合いの地域づくり
改正介護保険の総合事業と生活支援コーディネーターや協議体をすすめるためのヒント集
- http://www.clc-japan.com/books/detail/4103

この素晴らし村、愛しいわが家でいつまでも
介護予防手帳
- 発行：福島県昭和村

サポーター活動のための記録様式・参考資料

　訪問時に使う記録表等については、すでに、各自治体やサポーターの所属する組織で目的に応じたものを作成されていると思いますが、参考までにいくつかの様式例やサポーター活動に必要な参考資料をご紹介します。

　以下記録様式等は、阪神・淡路大震災での仮設住宅支援の経験から今回考案したものです。地域(コミュニティ)を支援するためのサポーターの道具として参考にしてください。

記録様式等

- 生活課題予測シート（資源マップ関連） ……………………………… 80
- 仮設住宅の特性把握シート ……………………………………………… 82
- コミュニティ状況チェック表（集会所・談話室運営含む） ………… 83
- 仮設（地域）診断・支援シート（Ａ面・Ｂ面） ……………………… 84
- 自治会ヒアリングシート（訪問記録用） ……………………………… 86
- 基本情報シート …………………………………………………………… 87
- 仮設住宅生活支援マニュアル …………………………………………… 89
- 仮設住宅の地域資源マップ ……………………………………………… 90
- 緊急時対応マニュアル …………………………………………………… 91
- 緊急れんらくばん ………………………………………………………… 92
- ふれあいサロン運営のためのチェックポイント 21 …………………… 93
- 見守りパンフレット ……………………………………………………… 94
- 仮設住宅自治会規約 ……………………………………………………… 96

参考資料

1. まちづくりを志向した「地域支え合いセンター」構想（抜粋） …… 97
2. 「宮城県サポートセンター支援事務所」の取り組み ………………… 98
3. 宮城県東松島市のサポート体制 ………………………………………107
4. 熊本地震における「地域支え合いセンター」等のサポート体制 ……111

　「自治会ヒアリングシート」(86頁)は、気仙沼市社会福祉協議会で実際に使用している生活支援相談員用の記録様式です。

　それぞれの様式も地域の実情に応じて参考にして応用してみてください。

生活課題予測シート
（資源マップ関連）

仮設住宅(地区)名　　　　　　　　　　（住所：　　　　　　　　　　　　　　　　　　　　　　　　）

1．生活関連

◇買物（最寄りの商店等）

種別	商業施設・商店名	地区名	距離およびおもな交通手段と所要時間
①食料品・生活必需品			
	その他の方法（例　移動販売等）		
②その他			

◇医療機関

種別	病院名	地区名	距離およびおもな交通手段と所要時間
①内科			
②外科・整形外科			
③小児科			
④眼科			
⑤歯科			
⑥その他（　　　　）			

◇金融機関等

種別	機関名	地区名	距離およびおもな交通手段と所要時間
①金融機関			

◇行政窓口・相談機関

種別	機関名	地区名	距離およびおもな交通手段と所要時間
①行政窓口			
②地域包括支援センター			
③福祉事務所			
その他（交番・駐在所等）			

◇その他の生活関連施設等

種別	店名等	地区名	距離およびおもな交通手段と所要時間
①理容院			
②美容院			
③鍼灸治療			
④その他			

◇公共施設

施設種類	名称	施設種類	名称	施設種類	名称
幼稚園		小学校			
保育所					

◇公共交通機関

☆最寄りのバス停 （　　　　　　　　　） 名称　　　　徒歩　　　分	☆行先と運行頻度

2．仮設住宅生活関連施策・支援活動

ごみの収集

【種　別】	【回収方法および収集日】
・燃えるごみ　　……	
・資源ごみ回収　……	
・粗大ごみ　　　……	

◇出張相談等の施策

【内　容】	【実施日および頻度】
・健康相談（チェック）　……	
・出張診療所　　　　　　……	

◇住民活動　　　（見守り、ふれあいサロン・コミュニティカフェ等の交流活動、美化活動、生活支援活動等）

◇ボランティア団体等の活動　　　（住民交流活動、生活支援活動等）

＊かかわっているボランティア団体・NPO団体
団体名　　　　　　　　　代表者名
＊主な活動

3．周辺地域関連

◇周辺地域の自治組織の有無　（　・有　　　　・無　）

　　〔ある場合〕　　　名称：＿＿＿＿＿＿＿　代表者名：＿＿＿＿＿＿＿　連絡先：＿＿＿＿＿＿＿
　　　　　　　　　　 主な活動：＿＿＿＿＿＿＿＿＿＿＿＿＿＿＿＿＿　　連絡先：＿＿＿＿＿＿＿

◇周辺地域の社協組織　（　・有　　　　・無　）

　　〔ある場合〕　　　名称：＿＿＿＿＿＿＿　代表者名：＿＿＿＿＿＿＿
　　　　　　　　　　 主な活動：＿＿＿＿＿＿＿＿＿＿＿＿＿＿＿＿＿

◇地区担当民生委員

　　　　　　　　　　・氏名：＿＿＿＿＿＿＿　連絡先：＿＿＿＿＿＿＿

◇主任児童委員　　　・欠員：

◇周辺地域の地域諸団体

　　　　　　　　　　①老人クラブ　　　・有　・無　　　　備考
　　　　　　　　　　②婦人会　　　　　・有　・無　　　　〃
　　　　　　　　　　③子ども会　　　　・有　・無　　　　〃
　　　　　　　　　　④その他（　　　　　　　　　　　）

4．行政・社会福祉協議会の復興支援

＊社会福祉協議会　　コミュニティ支援部門
ボランティアセンター部門　（災害VC）
＊行　　　　　政

仮設住宅の特性把握シート

仮設住宅（地区）名　　　　　　　　　　　　（住所：　　　　　　　　　　　　　　　　　　　）

1. 仮設住宅の概要について
    ◇仮設住宅の設置戸数　　　　　　戸　（・大規模　・中規模　・小規模）
    ◇仮設住宅類型
        ①仮設住宅の周辺地域も被災している場合
        ②仮設住宅の周辺地域は比較的震災被害が少ない場合
        ③周辺地域がなく仮設住宅地のみが立地している場合
        ④その他
    ◇仮設住宅仕様
        ・基本間取り
        タイプ1（　　　　　）　　戸
        タイプ2（　　　　　）　　戸
        タイプ3（　　　　　）　　戸
        ・バリアフリー対応　　　・有　・無　（　　　　　　　　　　　　）
        ・コミュニティスペース　（　　　　　　　　　　　　　　　　　　）
        ・その他　　　　　　　　（　　　　　　　　　　　　　　　　　　）
    ◇集会所等の設置の有・無
        ・有　（施設規模・設備内容　　　　　　　　　　　　　　）
        ・無
    ◇周辺地域の施設状況
        施設種類及び名称　　　　　　　　　　　　　　距離　徒歩　　分
        　　　　　　　　　　　　　　　　　　　　　　距離　徒歩　　分

2. 入居方法等について
    ◇入居者募集方法
        ①一般抽選
        ②地区優先　　　　（入居者の出身地区名：　　　　　　　　）
        ③①②の混合　　　（入居者の出身地区名：　　　　　　　　）
        ④入居に対して何らかの配慮がされた（　　　　　　　　　　　）
        （例　高齢者、障害者優先等）
    ◇入居開始時期　　　　　年　　月　　日

3. コミュニティの形成状況について
    ◇仮設住宅自治会の組織化　　　・有　・無
    ◇集会所・談話室運営組織の設置　　・有　・無　（集会所・談話室設置のみ）
    ◇仮設住宅入居者による自主グループの有無（例：老人クラブ等）
        ・有　（　　　　　　　　　　　）　　・無

4. その他（住宅設置地区および周辺環境要因等）

特記事項

コミュニティ状況チェック表
(集会所・談話室運営含む)

仮設住宅(地区)名　　　　　　　　　　　(住所：　　　　　　　　　　　　　　　　　　　)

１．仮設住宅コミュニティ状況

◇仮設住宅自治会の形成状況

①組織済み

・加入者数（世帯） ・代表者 ・役員数 ・会　合	【主な活動】 ・ ・ ・

②周辺地域の自治会に加入（　　　　　　　　　　　　　　　自治会名）

③組織化途上　（状況：　　　　　　　　　　　　　　　　　　　　　　　）

④未組織

◇住民自主グループの形成状況

〔団体名〕 ・ ・ ・	〔主な活動〕	〔会員数〕	〔連絡先〕

◇住民間のかかわり状況

２．集会所・談話室について

◇集会所・談話室の運営組織形態

①仮設住宅自治会組織　②入居者代表を含む運営組織　③関係団体・機関　④未組織　⑤その他

◇集会所・談話室の開館・利用状況

開館日（利用可能）	
利用方法・条件	
実施事業内容および実施団体	〔主な事業〕　〔実施・協力団体〕
住民の事業参加・集会所・談話室の利用状況	

仮設住宅（地域）診断・支援シート（表面）

（作成　平成　　年　　月　　日）（更新　　　　　　　　　　　）記入者

仮設住宅の名称				所在地	〒	
入居開始年月日		年　　月　　日		建設戸数 世帯数		入居戸数 入居人数
集会所	有・無	鍵の管理人氏名		部屋番号：		
談話室	有・無			電話：		
ハード面の特徴・立地・環境	（例）高台にあり、買い物や通学に不便。雨天時、路地に水たまる。					
自治会の有無	有・無	自治会長氏名		住所：		
				電話：		
自治会役員状況・窓口役	□会長　□副会長　□会計　□書記　□監事 □班長　□その他（　　　　　　　）			自治会活動状況		
担当民生児童委員				住所：		
				電話：		
地区社協との関係	社協名			住所：		
	会長名			電話：		
	連携状況					
仮設住宅の特徴						
入居者の状況・特徴						

（裏面）

外部支援の実績	事業の名称	支援団体名	実施日	主な内容		

外部からの定期的な支援・訪問等	機関・団体名	主な支援	機関・団体名	主な支援

支援者間の連携状況	（例）・情報交換会の開催　　・事例検討会の開催等	
仮設住宅の強み・弱み（課題）	（強み）	（弱み：課題）

組織としての支援目標

福祉目標	（例）・〜ひとりの孤独死も出さない！〜 　　　・〜みんなで力を合わせて安心・安全、楽しい○○〜	
支援の重点	□自治会づくり □お茶会などサロンのw開催 □サロンの世話人発掘、育成 □安否確認、声かけ見守り活動	□助け合い活動 □生きがいづくり支援 □その他
上記の活動を行ううえでの連携、協働団体	□市社会福祉事務所 □市高齢介護福祉課 □市まちづくり推進課 □地域包括支援センター □介護保険サービス事業所	□市社協・ボランティアセンター □地区社協 □自治会 □民生児童委員 □その他（　　　　　　　　）
推進計画	・自治会づくり支援 ・お茶会、サロン活動支援 ・安否確認、見守り活動支援	
推進上の課題、留意点他（備考）		

自治会ヒアリングシート（訪問記録用）

仮設住宅名		訪問日	
聞き取り先		相談員名	

●イベント・行事等開催状況

行事名	会場	頻度	内容

●住民生活状況（気になる世帯等）

部屋番号	氏名	内容
－		
－		
－		
－		
－		

●仮設住宅の困りごと等（外出・買物・その他）

項目	内容

●調整したこと、その他の情報

聞き取り先	内容

基本情報シート

記入日：　　年　月　日

地区・仮設住宅名		サポーター氏名（　　　　　　　）

ふりがな 氏　名		生年月日	年　月　日生
		性別　男・女　年齢	歳

住所 （仮設）		電話番号	
		携帯電話	

世　帯	独居　・　高齢者夫婦　・　その他（　　　　　　　　　　　　）

家族	氏　名	続柄	年齢	性別	家族構成
			才	男・女	
			才	男・女	
			才	男・女	
			才	男・女	

緊急時連絡先	氏　名		性別	男・女	続柄	
	住　所			電話番号		

旧居住地	地区	旧担当民生委員名	

療養状況	疾患名		既往症		
	経過		医療機関（TEL）	受診状況	
					回／月
	服薬				

介護サービス（内容）		頻度	回／週
		頻度	回／週
		頻度	回／週
		頻度	回／週

		障害状況		備考				自立	一部介助	全面介助	備考
心身の状況	麻痺	有	無		日常生活動作等	歩行					
	拘縮	有	無			立ち上がり					
	言語	有	無			排泄	大				
	理解	有	無				小				
	視力	有	無			入浴					
	聴力	有	無			食事					
	認知症	有	無			家事	炊事				
	その他						洗濯				
							掃除				
						買い物					
						金銭管理					

聞取り内容	

対応	緊急 ・ 通常 ・ 継続必要あり ・ 情報提供のみ ・ 終了				
	相談先	つなぎ先		担当者	
		内容			
		日時			
	相談継続 次回予約日：有 月 日（ ） 時 分 担当： ／無				

備考

○○仮設住宅生活支援マニュアル

○○仮設住宅に入居された皆さまへ。一日も早い復興のため、この生活支援マニュアルを役立てて下さい。

項目	内容	事業所名	連絡先	備考
生活	電気		☎ －	
	電話		☎ －	
	ガス		☎ －	
	水道		☎ －	
	NHK受信料			
医療	近くの病院　診療所		☎ －	
	近くの歯医者		☎ －	
	薬局		☎ －	
			☎ －	
安全	近くの交番　駐在所		☎ －	
	消防署　分署		☎ －	
環境	ゴミ（燃えるゴミ）　　（資源ごみ）　　（粗大ごみ）　　（新聞等廃品回収）		☎ －	毎週　火・金
			☎ －	
行政	○○市役所		☎ －	
	市民センター		☎ －	
困りごと相談場所	地域包括支援センター		☎ －	
	○○市役所高齢福祉課		☎ －	
	○○市社会福祉協議会		☎ －	
	担当民生児童委員		☎ －	
	消費者センター		☎ －	
法律	○○法律相談所		☎ －	
	市民法律相談日		☎ －	
住宅関係	○○市住宅課		☎ －	
	○○不動産協会		☎ －	

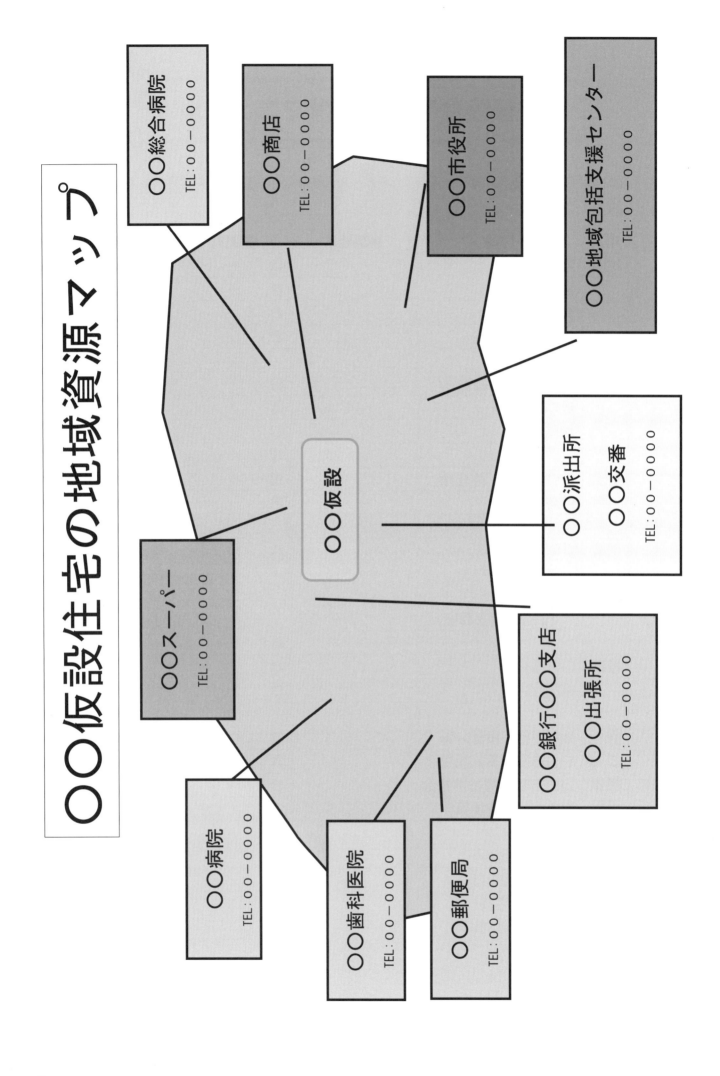

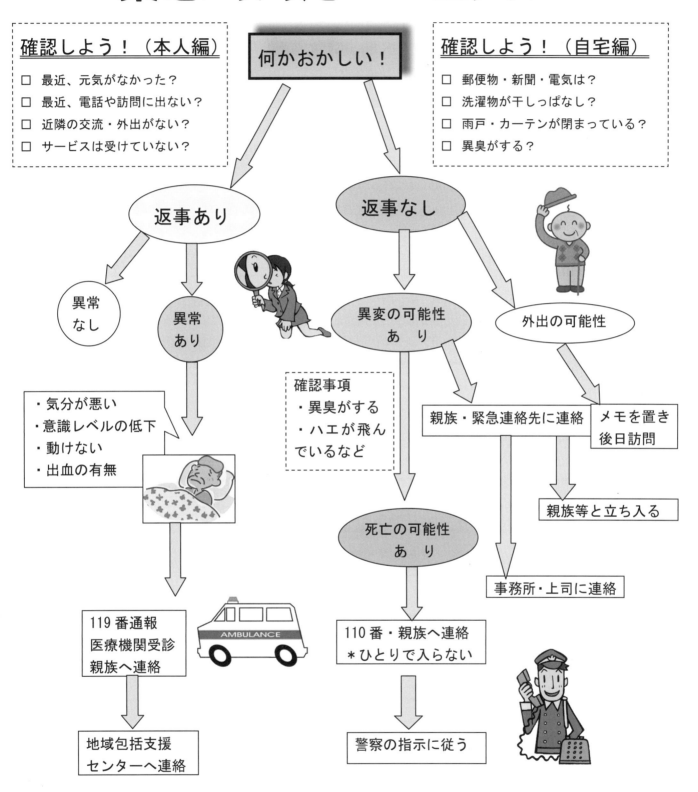

江東区「見守り活動緊急時対応マニュアル」参考

緊急れんらくばん

　　　　年　　月　　日作成

氏　名	（MTSH　　年　　月　　日生）	☎　　－	
住　所		血液型	型

緊急連絡先 （家族・親戚・お友だち等） （　）内は続柄	氏　名	（　　）	（携帯）	－　　－
	住　所		☎	－　　－
	氏　名	（　　）	（携帯）	－　　－
	住　所		☎	－　　－
	氏　名	（　　）	（携帯）	－　　－
	住　所		☎	－　　－

かかりつけの病院等		【　　】科 （　　）先生	所在	☎　　－
		【　　】科 （　　）先生	所在	☎　　－
		【　　】科 （　　）先生	所在	☎　　－

| 担当民生児童委員 | | 住所 | | ☎　　－ |

| サポーター | 氏　名 | | ☎　　－ |
| | 事業所名 | | |

| ケアマネジャー | 事業所名 | 担当者 | ☎　　－ |

飲んでいる薬			
いざの時伝えたいこと			
緊急避難場所		（　　）地域包括支援センター	－

🔥 火事１１９　　✚ 救急車１１９　　🚓 警察１１０

＊この「絆れんらくばん」はいざの時役立てていただけるように、電話の近くか冷蔵庫に貼ってください。＊＊＊＊

明石市民生児童委員協議会・兵庫県介護支援専門員協会明石支部

考えただけで楽しくなる！ふれあいサロン運営のためのチェックポイント21

※必ずしもすべてのチェックが入る必要はありませんのでご安心を。

	「寄り場・溜まり場・みんなの場！」の12のチェックポイント
☐	閉じこもりがちな方や孤立しやすい方（ひとり暮らし高齢者・虚弱高齢者・子育て中の親子・障がいのある方など）のことを大切にした場になっていますか。
☐	参加者が「お客さま」にならないように、役割づくりを意識していますか。 （たとえば「座布団を用意する」「片づけをする」「お茶を入れ合う」など場づくりへの参加も「役割」づくりです）
☐	自治会回覧やチラシの配布などでサロンの存在を広く知ってもらう工夫がありますか。
☐	特に「気になる」お誘いしたい人に、声かけしたり、友人から誘ってもらったり、「参加してみたい！」と感じてもらう工夫がありますか。 （チラシの手渡しやサロンでつくった物を手渡すなど、気持ちを伝えると効果的です！）
☐	体の不自由な方も参加しやすいように気をつけていますか。 （会場内で快適に過ごせるよう気にかける・家の近くまで出迎える・移動手段を確保する）
☐	参加しなくなった人や参加の回数が減った人、普段サロンに参加しないが気になる人などを見つけたときは、みんなで話し合っていますか。 （民生委員・児童委員や地域の役員さんなどに相談するのもひとつの手です）
☐	みんなが気軽で参加しやすい範囲を〝サロンにお誘いする範囲〟としていますか。
☐	「出入り自由、おいしいお茶とおしゃべりを楽しむ」「参加者が一緒になって歌や演芸を楽しむ」「心のこもった手づくりの食事をみんなで楽しむ」など、形にこだわらないのが「住民流」です。参加者の意見を取り入れる工夫を行っていますか。
☐	身近な生活情報（行政などからの情報）をわかりやすく伝える工夫をしていますか。 （文書や広報だけでは必ずしも全員が理解できるわけではありません）
☐	「健康」は誰にとっても一番の関心ごと。気をつけたい病気の話や血圧チェック、体操など体のことを意識した工夫がありますか。
☐	たとえば「赤ちゃんと高齢者との交流」は人気のプログラム。普段出会うことの少ない人同士がつながりあえる場づくりを意識していますか。
☐	何よりも、サロンへの参加をきっかけに近所同士で顔見知りになれる関係づくりを意識していますか。（これ大事です！）
	ひとりで抱えず、みんなで支える。サロン運営の9つのチェックポイント
☐	身近な地域で幅広く協力者を募り、みんなでサロンを支える雰囲気づくりをしていますか。
☐	民生委員・児童委員や地域の役員さんなどと常に連絡を取り合っていますか。
☐	継続のために、定期的な運営会議（世話人で取り組みのための相談）を開催していますか。
☐	運営費は参加者からの会費で賄える範囲となっていますか。 （他からの寄付金や協力金などを得るようにすると活動に広がりが生まれますよ）
☐	もしものときのために「ボランティア保険」などの保険を活用していますか。
☐	営利活動、宗教活動、政治活動とは切り離して活動するようにしていますか。
☐	サロンで集めたお金やその使い道ついて、参加者に知らせる工夫をしていますか。
☐	みんなで、住民が支え合う「豊かさ」や「力強さ」「大切さ」を分かち合っていますか。
☐	サロンに参加するすべての人（活動者も含めて）に感謝の気持ちをもっていますか。

みんなで みまもり みぢかなちいき
~日常のさりげない見守りから サインを発見~

①地域の集まりに顔を見せなくなったとき

以前は、頻繁（または定期的に）姿を見せていた老人クラブや町内会の活動、ふれあいサロン、趣味の集まり、病院、診療所などに急に現れなくなった時がサインです。

②洗濯物が干しっぱなし

洗濯物が夜になっても干したままだったり、逆にいつも干している人が快晴にもかかわらず3日も4日も干していない時もサインとなります。

③屋内の電灯

ベランダや庭に干してある洗濯物と同様に、夜間に屋内の電灯がついているかどうかも貴重なサインです。日が暮れて、いつものように電灯がついていなかったり、逆に昼間になっても門灯がつきっぱなしの時がサインです。

④ゴミ出し

ゴミ出しは、当日の早朝から回収の日まで限られた時間に出すため、住民同士で顔を合わせる機会も多くなり、様子をうかがったり、困ったことを聞くことができます。

⑤新聞・郵便・宅配便・配食サービスなど

新聞受けや郵便受けに、新聞や郵便物が溜まってきたら、これも屋内で何らかの異変を知らせるサインの1つです。泊まりがけで旅行に行っていて単なる留守の場合もありますが、ここから孤独死を発見されることがよくあります。

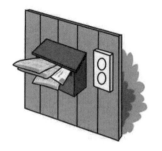

⑥雨戸やカーテンが開かない

数日間雨戸やカーテンが開かなかった場合も、屋内での異変を知らせるサインです。
泊まりがけでの外出や入院という場合もありますが、屋内で倒れている可能性もあります。
民生委員やご家族、共通のお知り合いなどに相談してみましょう。

⑦配管を通じて水の音がしない・テレビの音が聞こえない・エアコンの室外機の音が聞こえない

マンションやアパートなどの集合住宅では、上下・左右の物音が聞こえることがあります。
日頃聞こえることが多い、水の音やテレビの音がしなくなったら、要注意です。
泊まりがけの旅行や入院という場合もありますが、屋内で倒れている可能性もあります。
管理人さんや、家主さんに相談してみましょう。

また、お互いに顔見知りになってくると、ちょっとした変化にも気づきやすくなります。
①話の中で「死にたい」「もうおしまいだ」「最近やる気がない」などの言葉が聞かれるようになった
→うつ、自殺の願望を抱えている可能性があります。

②出会ったときに、顔色が悪く見える、急にやせた・太った、立ち姿に覇気がない、歩き方が前と違う
→病気の出現、悪化の可能性があります。

③いつも同じ話をする（話につじつまが合わない）、夫婦喧嘩や近所の人との口論が増えた、服装が季節に合わない、いつも同じ服装、体臭がきつい（風呂に入っていない）、家の中が散乱している
→精神疾患、認知症の可能性があります。

④いつも酒のにおいがする
→アルコール依存症の可能性があります。

⑤買い物の支払い方にいつも困っている、行政などの手続きができていない
→権利擁護の制度を利用することが考えられます。

⑥いつも子どもの激しい泣き声が聞こえる、夜になっても子どもだけで外で遊んでいる、子どもにあざがある、服装がいつも一緒（汚れたまま）
→児童虐待の疑いがあります。

（宝塚市社会福祉協議会　住民向けの見守りパンフレット）

□□仮設住宅自治会規約

(名称)
第1条　この会は、□□仮設住宅自治会(以下「会」という)と称する

(会員)
第2条　この会は、□□仮設住宅居住者とこの会に賛同する者をもって組織する。

(目的および事業)
第3条　この会は、住宅内の居住環境と会員の福利厚生の向上を図るため次の事業を行う。
1. 環境整備に関する事業
2. 駐車場および集会場運営に関する事業
3. 福利厚生に関する事業
4. 親睦のための事業
5. 各関連機関との連携事業
6. その他必要と認められる事業(生活を維持向上させるための約束等)

(役員)
第4条　この会に次の役員を置く。
1. 会長　□人
2. 副会長　□人
3. 事務局長　□人
4. 会計　□人
5. 監事　□人
6. 班長　□人　(各棟を1班とし□班を設け、それぞれ1人の班長を置く)
7. 顧問　若干名

(役員の任務)
第5条　役員は、次の任務を行う。
1. 会長は、会の代表として会務を総括する。
2. 副会長は、会長を補佐し、会長に事故あるときはこれを代行する。
3. 事務局長は、会の事務処理を行う。
4. 会計は、会の会計処理を行う。
5. 監事は、会の会計監査を行う。
6. 班長は、会の事業実施のため次の作業を行う。
(1) 班内の会費の徴収に関すること。
(2) 班内の文書等の伝達に関すること。
(3) 班内の会員の移動報告に関すること。
(4) その他、会の事業実施に関すること。

(役員の選出及び任期)
第6条　役員の選出方法及び任期については次のように定める。

1. 会長・副会長・事務局長・会計・監事は役員会で選出し、総会で承認される。※役員会が組織されていない場合は、準備委員会が選出することができる。
2. 班長は総会前に班内で選出し、総会で承認される。
3. 役員及び班長の任期は1年とする。
4. 役員に欠員が生じた場合は、役員会で協議し補充することができる。ただし、任期は前任者の残留期間とする。

(会議)
第7条　本会の会議は総会及び役員会とする。
1. 総会は年1回招集し、会員の過半数(構成世帯数の過半数とする)の出席によって成立し(委任状を含む)、次の事項を審議する。ただし会長が必要と認めた場合、及び会員の過半数の要請があった場合は、臨時に招集することができる。
(1) 役員の選出
(2) 事業計画並びに予算の決定
(3) 決算の承認
(4) 規約の改廃
(5) その他、必要と認めたこと
2. 役員会は、役員の過半数の出席によって成立し、次の事項を審議する。
(1) 事業計画上の企画立案及び予算に関すること
(2) 事業報告及び決算に関すること
(3) その他、会務の執行に関すること
3. 会議の招集は会長が行い、総会の議長は出席者の中から選出し、役員会の議長は会長があたる。

(会費等)
第8条　会費は以下のとおり定める。
1. 会費は、年額○,○○○円とする。

(事業経費)
第9条　この会の事業経費は、会費・その他の収入を持って充てる。

(会計年度)
第10条　この会の会計年度は、□月□日～□月□日までとする。
第11条　この会の代表者は会長とし、所在地は会長の自宅とする。

参考資料❶

まちづくりを志向した「地域支え合いセンター」構想（抜粋）

東北関東大震災・共同支援ネットワーク 2011.6

　被災地が復興するには、これからまだまだ長いときがかかるでしょう。ひと言に復興といっても、避難所から仮設住宅へ、さらに地域生活へといくつかの段階を経て、その時どきの課題を抱えながら、生活は再建されいくのだと思います。その長い道のりのなかで、被災した人々が協力し合いながら、自分たちの意思で豊かな暮らしを築いていくために必要な支援とは何か。それを基盤に考えたのが「地域支え合いセンター」です。「地域支え合いセンター」は、仮設住宅入居者や自宅で被災生活を送る人々の孤立を防ぐとともに、これからの生活復興、まちの復興に向けて、共に支え合い、学び合い、新たなつながりをもったまちづくりをめざしたセンターです。

1　「地域支え合いセンター」は仮設住宅に併設される集会所を拠点とします

　50戸～200戸程度の仮設住宅入居者と周辺の住民を1つの単位にして、小地域でのつながりを大切に、そこから生まれる課題に取り組み、被災者同士の支え合い・つながりを発展させます。孤立した集落の自宅被災者も「地域支え合いセンター」の活動や運営に参加できるように配慮します。

地域支え合いセンターの運営

運営協議会（連絡会）
地域住民代表・諸団体・専門機関など 10～15人程度

　　　├─ 支え合いサポーター1人程度（社協・NPO等職員）
　　　└─ 支え合い推進員 5人程度から（地域住民）

2　「地域支え合いセンター」がつくる活動や仕事

　地域支え合いセンターでは、たまり場、住民同士の見守り、相談活動、サロン、食事会などを入口として、孤立や生活不活発病を防止する活動を行い、生きがいづくりと仕事づくりをめざします。

活動づくり
- 住民が自由に集まり語り合える「たまり場」から、たくさんのニーズが生まれます
- 住民同士の「支え合いの場」から、さまざまな役割が生まれます

仕事づくり
- 役割を担うことから、「仕事・雇用を創り」だし、生きる意欲が生まれます
- 生活の復興、まちの復興に向けて学び合い「参加する場」から、恒常的なまちづくりの実践へとつながります

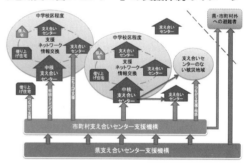

「地域支え合いセンター」の支援体制のイメージ

市町村支え合いセンター支援機構の役割
① 「地域支え合いセンター」「中核支え合いセンター」の立ち上げ・後方支援
② 支え合いセンターが設置されない仮設や借り上げ住宅生活者への支援
③ 市町村外・県外避難者への支援
④ 地域ケアシステムづくり（地域ケア連絡会）

3　県・市町村の支援体制

　「地域支え合いセンター」を支援する体制として、「中核支え合いセンター」「市町村支え合いセンター支援機構」「県支え合いセンター支援機構」をつくります。「地域支え合いセンター」を住民が継続的に運営していくためには、重層的に支援する仕組みが必要です。「中核支え合いセンター」は、中学校区エリアを目安に配置され、事務局委託を受けるNPO・社協等が「地域支え合いセンター」を支援します。

「地域支え合いセンター」構想の詳細は、全国コミュニティライフサポートセンターのホームページへ
http://www.clc-japan.com/kyoudounet/20110601sasaiei02.pdf
（ホームページでは、対象圏域の設定、運営方法、運営協議会の立ち上げ方法、支援機構の概要等についての詳細が閲覧できます）

「地域支え合いセンター」構想は、東日本大震災復興構想会議検討部会において、専門委員であった池田昌弘が発表した内容（http://www.cas.go.jp/jp/fukkou/pdf/kentou2/ikeda.pdf）を、東北関東大震災・共同支援ネットワークが加筆・修正して提言したものです。

「宮城県サポートセンター支援事務所」の取り組み

支援の流れ

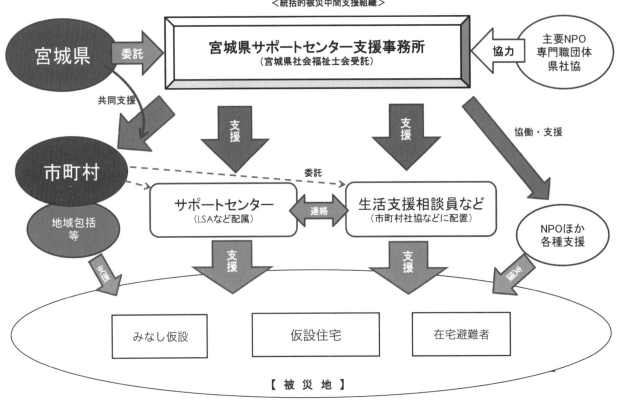

構成団体と活動内容

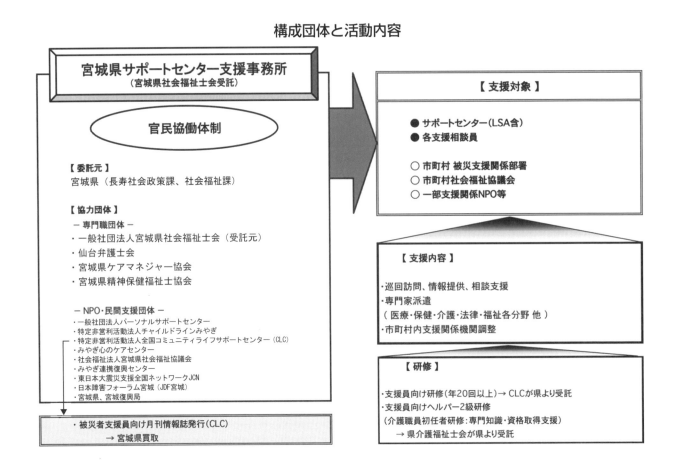

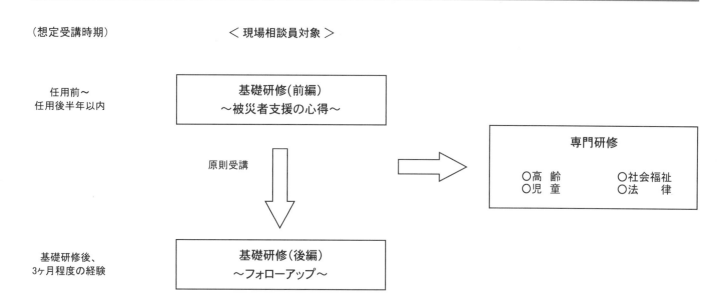

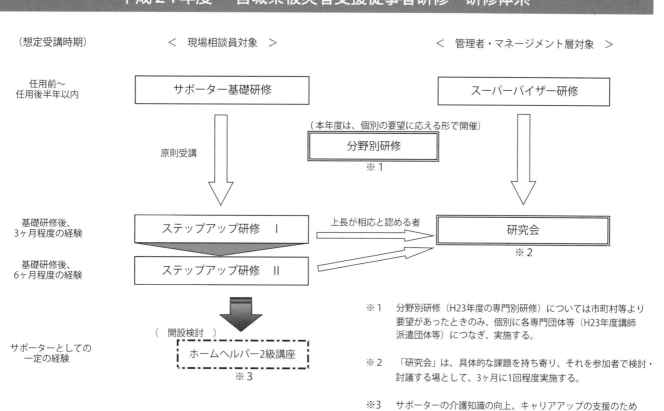

平成25年度　宮城県被災者支援従事者研修　研修体系

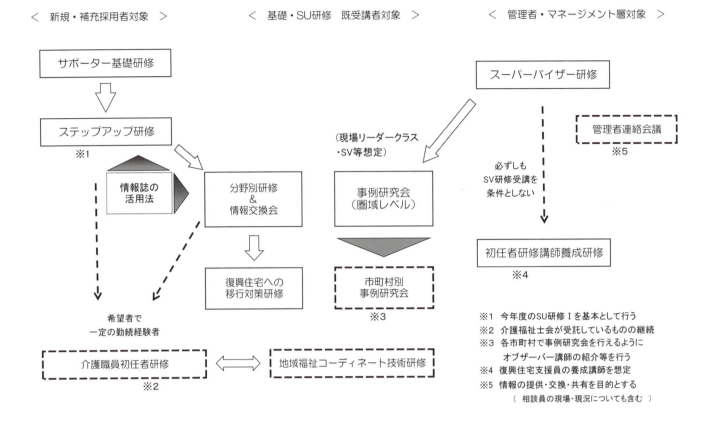

> column

宮城県・南三陸町のサポート体制

　南三陸町では「被災者生活支援センター」という名称で設置。軽易な相談にのる「生活支援員」、対応可能な相談の返答や相談内容を選別して優先度を決定する「コミュニティソーシャルワーカー（有資格支援員）」、対応の難しい相談にあたる「町」の三層構造による仕組みをつくり、効率的効果的支援を図りました。

　特徴として、3種類の生活支援員を配置しました。

①巡回型支援員
　支援員の基本形態。6か所のサテライトセンターに110人の職員を配置。

②滞在型支援員
　仮設住宅に暮らす独居、高齢者、要支援者など、本来、見守りの対象者を積極的に人選して業務を担ってもらう。48組100人が従事（平均年齢74歳）。

③訪問型支援員
　帰郷の思いを断ち切らないよう、借上げ賃貸住宅（みなし仮設）を毎戸訪問。12人3班体制（県内は直接訪問、県外は電話訪問）。

宮城県サポートセンター支援事務所の活動

東日本大震災後、被災市町村では、被災者の生活を支援するために戸別訪問や相談・調整、地域支援を行う「支援員」を配置しました。「支援員」とひとくちにいっても、被災市町村に設置された「介護等のサポート拠点（サポートセンター）」の生活援助員（LSA）や、市町村社会福祉協議会の生活支援相談員、コミュニティの再構等を図る復興支援員など、さまざまな名称、役割を担う支援員が配置されています。宮城県内だけでも約800人の各種支援員が活動しています。

宮城県では2011年9月に「宮城県サポートセンター支援事務所」を設置し（宮城県社会福祉士会が運営受託）、長期目標として「住民主体のまちづくりと地域福祉の実現」を掲げて、被災者の生活支援にあたる「支援員」の活動をバックアップしてきました。

今年度は、これまで取り組んできた①支援者研修事業、②専門職派遣事業、③アドバイザー派遣事業、④ヒアリング事業、⑤みなし・在宅被災者支援事業のほか、前年度に実施した地域福祉コーディネーター養成研修検討会でのプログラム開発を踏まえ、「地域福祉コーディネート技術研修」および「地域福祉マネジメント研究会」を開くとともに、宮サポの活動を振り返り今後につなげる「調査研究事業」に新規で取り組みます。

平成26年度　宮城県被災者支援従事者研修　研修体系

宮城県・宮城県サポートセンター支援事務所

【新規・補充採用者対象】
- **サポーター基礎研修**（3日間研修　1会場程度）
  - サポーター活動の理念と目標・役割
  - 被災者の暮らしの変遷と生活課題
  - 支援を必要とする被災者の理解と具体的支援
  - 信頼関係の育み方と実態把握の方法
  - 住民同士の支え合い・見守り活動の方法　等

- **ステップアップ研修**（2日間研修　1会場程度）
  - 事例を深く理解するための視点と方法の理解
  - 問題解決のために必要な支援についての考察
  - 支援の展開力を高めるための事例検討の方法
  - 事例検討　等

【基礎・ステップアップ研修既受講者対象】
- **分野別研修・情報交換会**（1日研修　4会場）
  ◇仙台会場　◇石巻会場2回　◇気仙沼会場
  ①地域で活動している住民や団体との情報交換会
  ②認知症の人への理解と安心して暮らせる地域づくり
  ・認知症高齢者と家族介護者への理解
  ・地域で支え合う仕組みづくり
  ・SOS徘徊ネットワークの取り組み　等
  ③生活困窮者（世帯）のおかれている状況と自立支援
  ・生活困窮者自立支援プログラムとは
  ・居場所づくりから地域づくりへ　等

- 地域支え合い情報紙の活用

- **災害公営住宅への移行対策研修Ⅰ**
  転居期研修（2日間研修　5会場）
  前期：石巻会場2回、後期：仙台・石巻・気仙沼会場
  ・災害公営住宅への転居と支援の方法
  ・地域で受け入れ態勢をつくる支援の方法
  ・住民の見守り・支え合いを進める支援と実際
  ・事例検討　等

- **災害公営住宅への移行対策研修Ⅱ**
  地域生活支援研修①〜④（1日間研修　3会場）
  ◇仙台会場　◇石巻会場　◇石巻会場
  ①要介護者のニーズ発見と支援をつなぐ福祉マップづくり
  ②住民が運営するサロン（つどい場）づくりの方法
  ③ゴミ屋敷や住民トラブルの対応
  ④自治会立ち上げ支援と地域との協働　等

- 小地域別・事例検討会（日常生活圏域や小学校区等）
- 市（区）町村別・事例研究会
- 圏域事例研究会（1日研修　4会場）仙台・石巻2回・気仙沼会場

【管理者・マネジメント層対象】
- 管理者連絡会議
- **スーパーバイザー研修**（1日研修　2会場）
  ◇仙台会場　◇石巻会場
  ・業務としてのスーパーバイザー
  ・つなぐ支援を念頭においたスーパーバイザーの役割
  ・マネジメント業務の振り返りとスーパービジョン機能
  ・復興期を視野に入れた組織内マネジメント
  ・阪神・淡路大震災の教訓に学ぶ
  ・災害公営住宅への転居期の支援等

支援員の福祉専門職化支援

- 希望者で一定の勤務経験者
  介護職員初任者研修
  ＜宮城県介護福祉士会＞

- **地域福祉コーディネート基礎研修**（2日間研修　4会場）
  ◇仙台会場　◇石巻会場2回　◇気仙沼会場
  ・地域福祉コーディネートの基本
  ・コミュニティワーク（地域福祉）の基礎
  ・地域福祉の地域診断　等

- **地域福祉コーディネート中堅研修**

- **地域福祉マネジメント研修**（管理者研修・研究会方式）

【地域支援事業】
- **生活支援コーディネーター養成研修**（平成27年度以降）

平成26年度 宮城県サポートセンター支援事務所　活動内容

主な活動領域

① 被災市町のサポートセンター運営支援
（ボランティアセンター等関連機関を含む）

② 仮設、みなし仮設、在宅居住者支援（地域サロン活動支援、復興公営住宅支援を含む）

③ 災害公営住宅移行期における要援護者へ

連携団体・関連機関
- 一般社団法人　宮城県社会福祉士会
- 一般社団法人　パーソナルサポートセンター
- 特定非営利活動法人　チャイルドラインみやぎ
- 全国コミュニティライフサポートセンター
- 宮城県精神保健福祉士会
- みやぎ心のケアセンター
- 社会福祉法人　宮城県社会福祉協議会
- みやぎ連携復興センター
- 東日本大震災支援全国ネットワークJCN
- 災害ボランティア活動支援プロジェクト会議
- 仙台弁護士会
- 宮城県ケアマネジャー協会
- 宮城県
- 復興庁　宮城復興局（依頼中）

長期目標：住民主体のまちづくりと地域福祉の実現

短期目標：被災市町のサポートセンター／関連機関の運営支援を通じて要援護者等の被災者の生活再建・自立を支えていく
（災害公営住宅移行期における支援体制の確立、地域福祉の実現）

平成26年度重点目標：
① 各サポートセンター、関連機関へのヒアリング等による課題の共有、整理を重ねて、地域移行に向けての支援体制づくりに協働で推進していく。
② 地域福祉コーデイネート技術研修の実施等を通じて、被災地における地域福祉を担う人材の育成を推進していく。

平成26年 宮城県サポートセンター支援事務所事業計画

（1）支援者研修

◎被災者支援に係る従事者研修の継続実施
① サポーター基礎研修
② ステップアップ研修
　事例検討
　スーパービジョン
　災害公営住宅移行期
（以上、CLC委託）

◎地域福祉コーデイネート技術研修（CLC委託）
基礎編
応用編
サポセン、社協、NPO等の人材を育成して、地域福祉の担い手としていく

◎マネジメント研究会
地域福祉の担い手の運営・管理にあたる組織間における仕組みつくり、マネジメントの共有を図り、各市町における地域福祉の推進を図る。
災害公営住宅移行期支援、宮城モデルの研究LSA等の登用と運用地域包括ケアとの関係市町社協、NPO等の支援機関の連携、役割分担
25年度検討会のメンバーの一部継続（学識経験者等）

（2）専門職（家）派遣

被災者支援のため、各市町、サポセン等協力し、各専門職を派遣していく。

① 個別相談対応
ポートセンター、市町社協、市町からの申し出により、個別相談対応（訪問可）、各種相談会、各種ケア会議等へ専門職を派遣
弁護士、社福士、精保福士等の派遣

② 地域支援のサポート
被災者の生活継続性、生活機能の維持を目的に、医療保健、福祉、NPO、ボラと連携し、専門職を派遣。生活不活発病予防の取組を重点課題として行う

③ 法テラスへの専門職派遣法
テラスとの協働での相談会開催、臨時出張所への社福士等の派遣

④ 心のケアセンター等との連携
協働でヒアリング、相談会、ケア会議等へ派遣

⑤ NPOとの連携
みやぎ連復、JCN、支援Pの中間支援団体を通じたNPOと市町とのマッチング（地域福祉分野）

（3）アドバイザー派遣

被災者支援のため、アドバイザーを派遣する
※アドバイザー
：元兵庫県社協　浜上章
社会福祉士　真壁さおり
社会福祉士　山下隆二
（前石巻市社協アドバイザー）

① 地域福祉活動計画策定等の支援
各市町復興計画、各市町社協地域福祉活動計画等に反映される、被災者支援活動計画等の策定を支援し、地域住民（被災者）の参画できる計画の実現を目指す

② ヒアリングと協働で支援者（スタッフ、NPO等）への支援
スーパービジョン
研修、ケア会議等での助言
運営等のマネジメント助言

③ 阪神・淡路大震災の支援事例や必要な情報提供、アドバイス
災害公営住宅移行期の支援の在り方への助言・指導

④ アドバイザーとしての報告
月例報告を受け、各事業に反映していく。

⑤ 地域福祉の担い手の養成や支援に係る検討会、調査研究の委員としての活動

（4）ヒアリング事業

各市町、サポートセンターのスタッフ等への聞き取り調査（ヒアリング）を通じ、サポートセンター事業の円滑な運営に資する支援を行う

① 専門職によるヒアリング
各圏域毎に担当者を配置、CSW等協力団体と提携し、各サポートセンターに派遣。課題の共有と理解を通じて必要な支援を行う。

② ヒアリング後の支援方針の策定と実行
支援方針の共有、協働での具体的取組を基本に行う。運営・管理にあたってのバックアップ

③ 県、市町行政・関係団体を交えての課題共有
各関係機関と協調した支援（心のケアセンター等）
災害公営住宅移行期における各市町に応じた支援体制つくりへのサポート

④ 災害公営住宅移行期、地域移行後のサポートセンター事業の継続的な運用に向けたヒアリング、

（5）みなし・在宅被災者支援

交流会・総合相談会の開催県下各福祉圏域で企画交流会・相談会で、
・生活情報の提供
・同郷者との交流
・生活全般に関する総合相談などを行う。
県・市社協と協働開催
※県外からの被災者支援も視野に、各県保健福祉事務所、圏域市町、市町社協等との連携を強化していく。

（6）調査研究

宮城方式のサポートセンター運営に係る評価地域移行に向けての宮城モデルの提案スタッフ、運営主体、市町県、その他関連機関等
CLCへの委託

（7）連絡会議

サポートセンターを軸とした要援護者支援に関わる関係者間の連絡会議
今後の地域移行とリンクした支援体制の確立に向けた協議と調整
（課題等の共有と展望）

平成27年度 宮城県サポートセンター支援事務所の活動

東日本大震災後、被災市町村では、被災者の生活を支援するために戸別訪問や相談・調整、地域支援を行う「支援員」を配置しました。被災市町村に設置された「介護等のサポート拠点（サポートセンター）」の生活援助員（LSA）や、市町村社会福祉協議会の生活支援相談員、コミュニティの再構築等を図る復興支援員など、さまざまな名称や役割を担う支援員が配置されており、宮城県内で約600人が活動しています。

宮城県では、支援員の活動をバックアップするために、2011年9月に「宮城県サポートセンター支援事務所」を設置（宮城県社会福祉士会が運営受託）。今年度は、災害公営住宅への転居期を迎えるなか、各市町村に設置されているサポートセンターの適切な事業推進に向けて、各協力団体と協働してバックアップ機能を担うべく取り組んでいます。

平成27年度 宮城県被災者支援従事者研修 研修（案） 2015.6.1現在

宮城県・宮城県サポートセンター支援事務所

～被災地における地域包括ケア基盤研修～

【新規・補充採用者等対象】

支援に関わるための基礎研修
（3日間研修　2会場程度）
・サポーター活動の理念と目標・役割
・被災者の暮らしの変遷と生活課題
・支援を必要とする被災者の理解と具体的支援
・信頼関係の育み方と実態把握の方法
・住民同士の支え合い・見守り活動の方法　等

↓

ステップアップ研修
（2日間研修　1会場程度）
・事例を深く理解するための視点と方法の理解
・問題解決のために必要な支援についての考察
・支援の展開力を高めるための事例検討の方法
・事例検討　等

災害公営住宅への転居期研修Ⅰ
（2日間研修　1会場程度）
・災害公営住宅への転居と支援の方法
・地域で受け入れ態勢をつくる支援の方法
・住民の見守り・支え合いを進める支援と実際
（2日目午後）
中越地震から学ぶ「中山間地域での復興策」

↓

災害公営住宅への転居期研修Ⅱ
（1日研修　4会場×2研修）
◇仙台会場　◇石巻会場2回　◇気仙沼会場
研修1：住民力を高め、地域をつなぐ
　　　「支え・合い」の作り方実践研修
研修2：人をつなぐコミュニケーション力
　　　　　　　　向上研修

市町別　事例研究会
（1日研修　14会場）
◇気仙沼市　◇南三陸町　◇女川町　◇石巻市
◇東松島市　◇塩釜市　◇七ヶ浜町　◇多賀城市
◇仙台市若林区　◇仙台市太白区　◇名取市
◇岩沼市　◇亘理町　◇山元町
・全国の先進的支え合い活動の実際とその取り入れ方
・新しい制度を紐解く！新制度の理解と活用の具体策
・地域事例検討会

↓

小地域別・事例検討会
（日常生活圏域や小学校区等）

月刊「地域支え合い情報」の活用

支援員の福祉専門職化支援

<地域支援事業>

地域福祉コーディネート基礎・実践研修
（2日間研修　3会場）
◇仙台会場　◇石巻会場　◇気仙沼会場
・地域福祉コーディネートの基本
・コミュニティワーク（地域福祉）の基礎
・地域福祉の地域診断　等

地域福祉コーディネート中堅研修
（2日研修　3会場）
◇仙台会場　◇石巻会場　◇気仙沼会場
・地域福祉実践概論
・地域福祉における開発
・地域福祉の実践の事例検討法　等

地域支え合い実践研修
（1日研修　3会場）
◇仙台会場　◇石巻会場　◇気仙沼会場
・地域でともに暮らす支え合い活動の目的と理解
・事例からみる「地域支え合い活動」の展開と実践

希望者で一定の勤務経験者
介護職員初任者研修　<宮城県介護福祉士会>

地域福祉マネジメント研修
（管理者研修・研究会方式）

↓

スーパーバイザー研修
（1日研修　2会場）
◇仙台会場　◇石巻会場

<地域支援事業>
生活支援コーディネーター養成研修

宮城県サポートセンター支援事務所の機能と役割

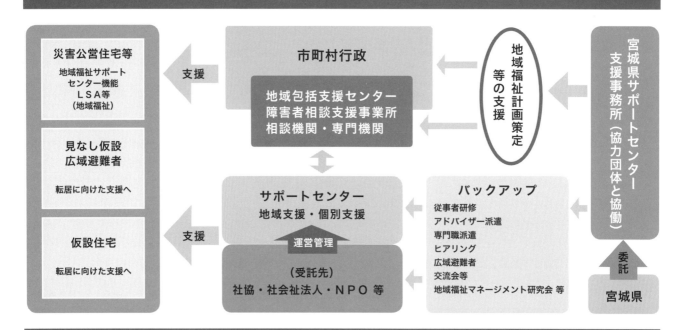

平成27年 宮城県サポートセンター支援事務所事業計画

(1) 従事者研修	被災者支援に係る従事者研修から、一般施策化への流れに対応した「地域の福祉力」を育成する研修体系化を図る（地域包括ケア、地域福祉の基盤づくりに呼応した人財育成へ／CLC委託）。 ※県外避難者支援も視野に、各県保健福祉事務所、圏域市町、市町社協との連携を強化していく。
(2) 専門職派遣 重点事項 ・サポセンと協働での専門相談 ・サポ弁活用	各専門機関、協力団体との協働で、各市町へ派遣。本来的（通常）な地域における支援者（サポートセンター等）を支えることで、被災者支援・地域支援の内実を高めていく。
(3) アドバイザー派遣 重点事項 ・災害公営住宅移行支援業務	災害公営住宅移行期を迎えた被災地を支えるため、住民の地域移行にあたっての各課題を共有して、地元支援者への支援のためアドバイザー派遣を行う（アドバイザー：浜上章さん、山下隆二さん）。
(4) ヒアリング事業 重点事項 ・災害公営住宅移行支援業務	専従のコーディネーター2人を中心に、サポートセンターにおける被災者支援の推進に向けたバックアップに努める（従事者のサポートを中心に）。
5) 広域避難者支援（県内外） 重点事項 ・広域交流会開催・支援体制つくり	県内外の広域避難者への支援について、受け入れ自治体等の協力をもとに、各県、各市町で実施されている先進例を参考に支援を拡げていく。 県内の避難者（みなし等）の支援についても、上記視点で同様の支援体制づくりを目指す。
(6) 地域福祉マネジメント研究会 重点事項 ・宮城方式の評価 ・CSW養成検討	被災地における復興にあたっての社協の役割をはじめとして、地域福祉の推進に向けた基盤整備についての検討が急務。昨年からの研究会を継続して開催。 ・サポートセンター事業に係る評価（宮城方式） ・コミュニティソーシャルワーカー（CSW）の育成と登用について「宮城方式」の体系化を図り、そのイメージを共有していく ・地域福祉の推進に向けた各福祉制度の展開と社協の役割 ・市町社協のマネジメント力の向上に必要な視点についての協議
(7) 被災地の「地域の福祉力」養成 ・CSW養成に係る検討	地域福祉コーディネート基礎・実践研修を開催して、被災地の「地域の福祉力」を高める人財育成に力をいれる（従事者研修の発展型）。 被災地の地域福祉推進に向けたCSWの養成・登用については、宮城県における共通言語化を図ることを基本に、その役割と専門性を確立して養成研修体系化に向けて検討していく（地域福祉マネジメント研究会の検討課題）。
(8) 連絡会議の開催	当支援事務所の構成メンバー（協力団体）との協働による事業展開を図るため、随時開催する。
(9) 宮城方式についての評価	サポートセンターの運営について、宮城県での住民力を活用した「寄り添い型見守り」支援の仕組みの検証を行う一方、地域福祉の主役たる住民による自助・互助を育む仕組みつくりを展望していく。 サポートセンター全体会議の開催（検討課題）。 これまでのサポートセンター事業について、従事者と受託者を招聘して、自己評価を行うとともに、地域福祉の枠組みへの軟着陸に向けた課題を共有していく。

平成28年度 宮城県サポートセンター支援事務所の活動

東日本大震災後、被災市町村では、被災者の生活を支援するために個別訪問や相談・調整、地域支援を行う「支援員」を多様な形で配置し、現在も県内で約600人が活動しています。

宮城県では、支援員の活動をバックアップするために、2011年9月に「宮城県サポートセンター支援事務所」を設置（宮城県社会福祉士会が運営受託）。災害公営住宅などへの本格的な転居期を迎え、今年度も協力団体と協働しながら、地域の福祉力を基盤とする福祉コミュニティの形成をめざして取り組みます。

平成28年度重点目標

災害公営住宅移行期、定着期におけるサポートセンター機能の
継続的・拡充的な運用を目指すとともに、
当支援事務所の協力団体と連携、協働してバックアップ機能の充実を図る。

①災害公営住宅移行期、定着期における福祉コミュニティ形成支援の促進を図る。

②被災住民（仮設・みなし・広域・在宅）の生活再建と自立に向けた支援の継続を図る。

③被災地における地域福祉、地域包括ケアの推進に必要な人財育成をすすめていく。

④「被災地サポートセンター」から「地域支え合いサポートセンター（仮称）」へ質的転換を目指し、地域の福祉力の向上をもって見守りネットワーク構築等、住民主体の活動の組織化を図る。

長期目標：地域の福祉力を基盤とする福祉コミュニティ形成

平成28年 宮城県サポートセンター支援事務所事業計画

| （1）被災者支援従事者研修 | 「地域の福祉力」の育成を目指す
①従事者研修（継続・図参照）
②地域福祉コーディネーター基礎・実践・中堅研修（継続・図参照）
③地域福祉マネジメント研究会（継続）
・地域福祉推進に向けた基盤整備に係る研究を行う。
・地域福祉コーディネーター研修の体系化に向けた提言を行う。
・サポートセンターへの評価を行う。 |

平成28年度　宮城県被災者支援従事者研修　研修体系

～被災地における地域包括ケア基盤研修～

宮城県・宮城県サポートセンター支援事務所

【新規・補充採用者等対象】

支援に関わるための基礎研修
（2日間研修　2会場　前期・後期各1回）
・支援員相互の情報交換・交流
・被災者の暮らしの変遷と生活課題
・支援を必要とする被災者の理解と具体的支援
・信頼関係の育み方と実態把握の方法
・住民同士の支え合い・見守り活動の方法　等

災害公営住宅への転居期研修Ⅰ
（1日間研修　2会場程度）
◇石巻会場　◇気仙沼会場
【仮設住宅編】
強まる"取り残される不安感"
・仮設住宅に暮らす住民・要援護者等への対応策
・自治会活動の停滞と統廃合への対応策
・関係機関との連携強化　等

分野別研修
（1日研修　4会場×3研修）
◇仙台会場　◇石巻会場2回　◇気仙沼会場

研修1：子育ちと子育て家庭への支援の形
研修2：障がいのある人と家族への支援の形
研修3：認知症の人への理解と支援

情報紙の活用

ステップアップ研修
（1日研修　2会場　前期・後期各1回）
・支援員相互の情報交換・交流
・寄り添う支援と傾聴技法
・信頼関係を育むための方法
・事例を深く理解するための視点と方法の理解
・問題解決のために必要な支援についての考察
・支援の展開力を高めるための事例検討の方法　等

災害公営住宅への転居期研修Ⅱ
（1日研修　2会場）
◇仙台会場　◇石巻会場
【災害公営住宅編】
生活環境の変化と孤立化への対応策
・先行事例から学ぶ自治活動や集会所運営の具体策
・住環境になじめずに孤立化する住民への支援
・住民の見守り・支え合いを進める支援と実際

地域支え合い実践研修Ⅰ
（1日研修　◇仙台会場2回　◇気仙沼会場）
【地域支え合い活動の発見の仕方・広げ方】
「行く・聞く・見つける」
地域への入り方と住民との関わり方、活動の広げ方

地域支え合い実践研修Ⅱ
（1日研修　2会場　前期・後期各1回）
【有償サービスの立ち上げ方と運営の方法】
・人と人とを結ぶことを目的とした有償サービスについて学ぶ

支援員の福祉専門職化支援

＜基礎研修既受講者対象＞

地域福祉コーディネート基礎・実践研修
（2日間研修　2会場　前期・後期各1回）
・地域福祉コーディネートの基本
・コミュニティワーク（地域福祉）の基礎
・地域福祉の地域診断　等

地域福祉コーディネート中堅研修
（2日間研修　2会場　前期・後期各1回）
・地域福祉の実践事例検討
・個別課題から地域課題を抽出する方法　等

地域福祉マネジメント研修
（研修部会）

スーパーバイザー研修
（1日研修　2会場）
◇仙台会場　◇石巻会場

希望者で一定の勤務経験者
↓

介護職員初任者研修　＜宮城県介護福祉士会＞

＜地域支援事業＞
生活支援コーディネーター養成研修

---

(2) 専門職（家）派遣
①サポートセンター・地域の支援者等と協働した派遣　②「サポ弁」としての弁護士と協働した派遣（アウトリーチ）
③移行期に向けた計画策定等に向けた専門的な助言　④法テラスへの専門職派遣
⑤心のケアセンター等との連携した派遣　⑥NPO等との連携

(3) アドバイザー派遣
浜上章氏（兵庫県／社会福祉士）、山下隆二氏（三重県／社会福祉士）の2名をアドバイザーとして任命し、専門性を活かした活動と、コーディネーターのヒアリングとリンクした各市町に応じた支援活動を目指す。
派遣期間：1週間／1か月（年間約10回）
①災害公営住宅移行支援
②地域福祉の担い手の養成や支援に係る検討会、調査研究の委員としての活動

(4) ヒアリング事業
コーディネーターを中心に下記視点を大切にしながらヒアリングを行い、アドバイザー、専門職等との連携で市町支援体制のバックアップを行う。
①サポートセンター従事者への継続したバックアップ
②各市町における支援者のプラットフォーム構築
③介護保険改正、生活困窮者自立支援等の新制度と被災市町における動向の把握

(5) 広域避難者支援
県内外の広域避難者支援について一層の充実を目指す。（宮城県震災復興推進課との連携）
①県東京・大阪事務所、全国数か所の支援拠点との協働相談会、交流会等と連携した取り組みを行う。
②受入県、市町等の協力を得て支援を推進できるよう、体制構築を目指す。

(6) 地域の福祉力の醸成に向けた地域福祉コーディネーター養成と登用
・研修計画と重複
・宮城版　地域福祉コーディネーター（CSC）の養成と登用
・平時における地域のサポート拠点のあり方の検討とともに具現化を目指す

(7) 連絡会議等の開催および参加
各協力団体との情報共有を行い、バックアップ機能充実に向けて連携を図る。

(8) 宮城方式の評価
ヒアリング事業の一環で、サポートセンター事業、従事者へのヒアリングを実施し、その成果等を検証していく。また、平時におけるサポートセンター機能のあり方を見据えた評価を行う。

宮城県東松島市のサポート体制

① 2015年度までの組織機能

東松島市では、震災復興事業のなかで「地域支え合い体制づくり事業」に取り組み、副市長や復興政策部、保健福祉部、仮設住宅担当の市職員のほか、市社会福祉協議会の生活復興支援センター、地域包括支援センター（市社協が運営受託）などで構成する「市被災者サポートセンター」を設置しました。さらに、矢本東・矢本西・鳴瀬地区にサブセンターを配置（市社協が運営受託）。センターの支援員は、当初は主にプレハブ仮設住宅で暮らす世帯への戸別訪問や地域支援にあたり、2013年度からは、みなし仮設への全戸訪問も行っています。

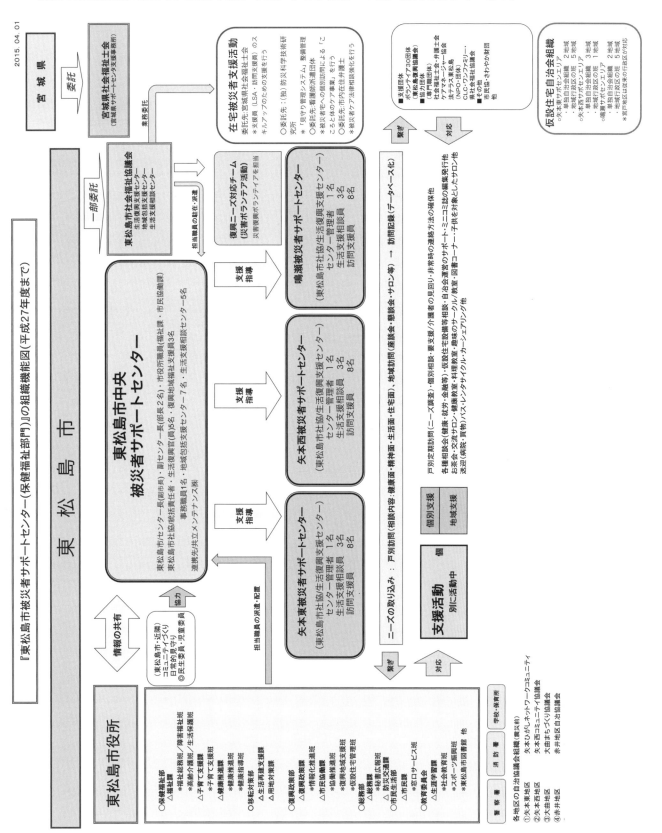

② 2016年度の被災者サポート体制

　東松島市では、仮設住宅から災害公営住宅や防災集団移転地などへの転居がすすみ、支援の場が仮設住宅から地域全体へと広がりつつあることから、2016年度に被災者サポート体制を大幅に変更しました。

　規模の大きな3か所の仮設住宅に置かれていたサブセンターが、同市中央被災者サポートセンターに集約され、支援員は中央被災者サポートセンターから市内各地域へと派遣される形になりました。市内の日常生活圏域には、各圏域に一人ずつ、合計3人のコミュニティソーシャルワーカーが置かれ、災害公営住宅や集団移転地の受け入れ先自治会との調整を行うなど、仮設住宅からの転居者がスムーズに地域に馴染むことができるように気を配ります。

　一方で、3か所のサブセンターは規模を縮小したものの、各2人の支援員が交代で駐在することで、引き続き仮設住宅の住民への支援を担います。加えて、中央被災者サポートセンターに交流会支援・居場所づくりの専任スタッフを6人置き、担い手が少なくなってしまった仮設住宅自治会の活動などをサポートします。また、生活支援相談員（LSA）が、仮設住宅に週1回、災害公営住宅とみなし仮設に月2回、それぞれ全戸に訪問活動を行い、幅広く地域を支えます。

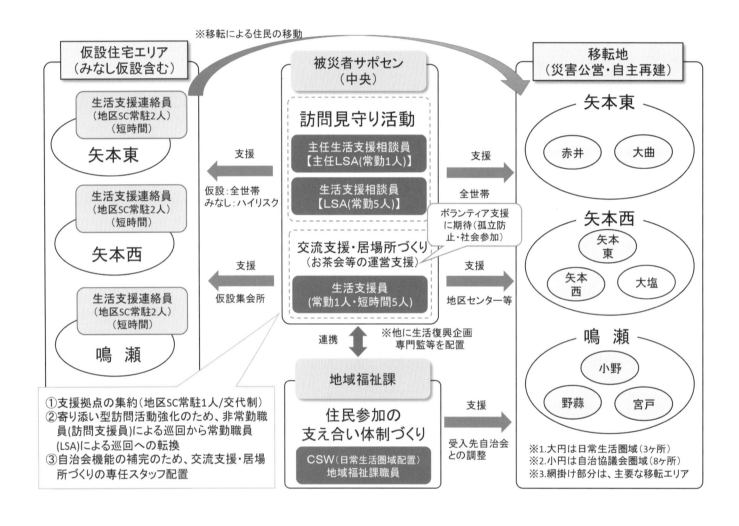

③フェーズに応じた支援体制・活動の変化

被災者サポートセンターのフェーズ別変遷イメージ（試案）

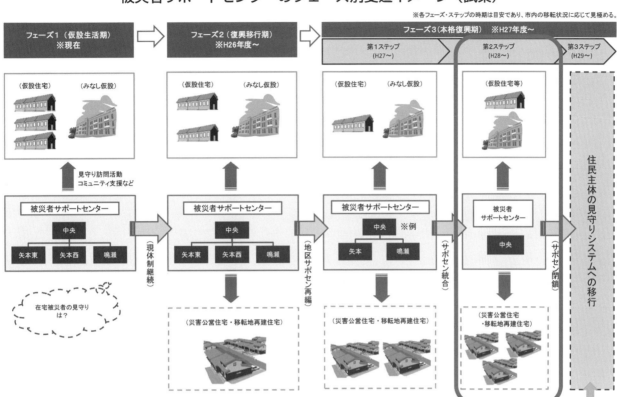

フェーズ2からフェーズ3（初期段階）の被災者支援
―東松島市社会福祉協議会「地域福祉復興支援計画」の概要―

●フェーズ2「復興移行期」(26年4月～)に想定される状況・課題と具体的な取り組み

エリア	想定される状況・課題	具体的な取り組み
仮設住宅	・仮設住宅の過疎化と集約 ・自治会機能の衰退 ・住民同士の自発的な交流機会の減少 ・近所づきあいの希薄化 ・孤立感の顕在化と不可視化の同時進行 ・生活課題の顕在化	・寄り添い型訪問活動の強化（対象者の選択と集中も検討） ・お茶会活動支援の強化 ・ご近所ゲートキーパー運動の展開 ・傾聴ボランティア活動の推進 ・自治会機能の補完（応援隊との連携も検討）
みなし仮設	・近所づきあいの希薄化 ・孤立感の顕在化と不可視化の同時進行 ・生活課題の顕在化 ・入居更新打ち切りに伴う仮設住宅等への転居 ・既存の仮設コミュニティとの距離感	・ケース会議の強化（CSW、LSA） ・生活課題に関する連絡会議の設置（行政、法テラス等） ・在宅被災者への訪問調査の実施
在宅被災者	・自立可能世帯と自立困難世帯の二極化 ・孤立感の顕在化と不可視化の同時進行 ・生活課題の顕在化	

フェーズ2からフェーズ3（初期段階）の被災者支援
―東松島市社会福祉協議会「地域福祉復興支援計画」の概要―

●フェーズ3「本格復興期」（初期段階、27年4月～）に想定される状況・課題と具体的な取り組み

エリア	想定される状況・課題	具体的な取り組み
集団移転地等 自主再建住宅	・住宅建設時期の分散化 ・移転まちづくり整備協議会の発展的解消（自治会へ？） ・自治会機能の段階的な発展 ・共同意識の希薄化（仮設共同体から個人化へ）	・訪問活動の展開 　（対象者の選択と集中） ・お茶会活動支援の強化 ・民生委員との連携 　（相互情報提供） ・サポセン体制・拠点の再編
災害公営住宅	・早期建設による先行移転 ・先行移転に伴う孤立状態 ・自治会形成プロセスにおける従属的地位・疎外感 ・共同意識の希薄化（仮設共同体から個人化へ）	

熊本地震における「地域支え合いセンター」等のサポート体制

　熊本県は、被災市町村のうち15市町村（※）に、熊本地震で被災した方々が、安心した日常生活を取り戻し、生活再建できるよう、見守りや健康・生活支援、地域交流の促進などの総合的な支援を行う「地域支え合いセンター」を設置します（運営は各市町村社会福祉協議会が担います。2016年9月頃から順次稼働予定です）。

　センターでは、「生活支援相談員」などを配置して、仮設住宅やみなし仮設住宅、在宅等の被災者の方々を巡回訪問し、お困り事や各種相談への対応、交流の場づくりのお手伝いを行います。

※熊本市、宇土市、宇城市、阿蘇市、美里町、大津町、菊陽町、南阿蘇村、西原村、御船町、嘉島町、益城町、甲佐町、山都町、氷川町

図1　「地域支え合いセンター」のイメージ

<目的> 被災者の安心した日常生活を支え、生活再建と自立を支援するため、見守り、生活支援、地域交流の促進、介護予防等の総合的な支援体制を構築する。

熊本県地域支え合いセンター支援事務所　（運営：県社協）

運営支援 →

市町村地域支え合いセンター　（運営・市町村社協）

生活支援相談員による被災者の見守り・巡回訪問などを通じて、各種専門機関等と連携して、生活再建と自立を総合的に支援する。

- 総合相談受付
- アウトリーチによる課題発見、御用聞き
- 見守り安否確認（福祉マップ作成等）
- コミュニティづくりのコーディネート
- 健康づくり支援、健康相談対応
- いきいきサロン（地域の縁がわを含む）、各種サロン（子育て、健康づくり等）活動サポート　等

連携・協力 ⇔ **各種専門機関等**
- 復興リハビリテーションセンター（生活不活発病防止及び介護予防のための専門職派遣）
- こころのケアセンター（被災者の心のケアのための専門職派遣）
- 地域包括支援センター
- 民生委員児童委員
- 社会福祉法人、NPO法人、ボランティア団体　等

総合的な支援 →

被災者　高齢者、障がい者、生活困窮者、子育て世帯等

応急仮設住宅　｜　みなし仮設住宅　｜　避難所　｜　在宅

---

column

熊本県では、仮設住宅に「みんなの家」を設置しています

　熊本県では、応急仮設住宅で入居者の方々が少しでも安らぎ、お互いが暮らしやすい関係を築けるように、仮設住宅内に「みんなの家」という木造の集会施設を整備しています。2016年8月19日時点で、79棟の設置を予定しており、そのうち29棟が完成しています。

　みんなの家は、集会などで使うだけでなく、日ごろから入居者の方々が気軽に集まって団らんを行っていただけるよう、土間や縁側を設けられています。「みんなの家」が十分に機能し、コミュニティづくりにつながるためにも、市町村が設置する地域支え合いセンターの働きに期待が寄せられています。

みんなの家
（西原村小森第4仮設団地）

熊本県では、避難生活や仮設住宅での生活不活発病予防・介護予防のための「復興リハビリテーション」にも取り組んでいます。

図2　熊本地震発生に伴う復興リハビリテーション活動体制

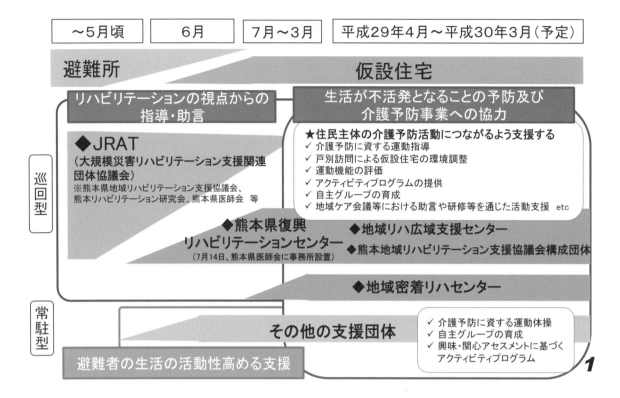

図3　被災市町村・地域包括支援センター等における活動準備手順

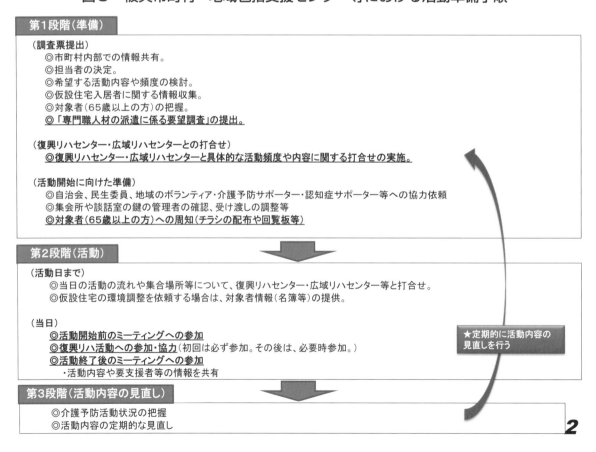

サポーターワークブック編集委員会　委員名簿

氏名	所属	担当
大坂 純	宮城県／仙台白百合女子大学　人間学部　教授	副編集委員長 単元3
髙橋 誠一	宮城県／東北福祉大学　総合マネジメント学部　教授	
志水 田鶴子	宮城県／仙台白百合女子大学　人間学部　准教授	単元3
浜上 章	宮城県／宮城県サポートセンター支援事務所　アドバイザー （元川西市社会福祉協議会　事務局次長・兵庫県社会福祉協議会地域福祉コーディネーター・大阪府社会福祉協議会　社会貢献支援員）	単元1（p.8） 単元5・参考（p.49） 参考資料
池田 昌弘	東北関東大震災・共同支援ネットワーク　事務局長 熊本地震・共同支援ネットワーク　幹事 特定非営利活動法人 全国コミュニティライフサポートセンター　理事長	
平野 隆之	愛知県／日本福祉大学　副学長・教授	
藤井 博志	兵庫県／神戸学院大学　総合リハビリテーション学部 　　　　　　　　　　社会リハビリテーション学科　教授	編集委員長
河合 由紀子	兵庫県／特定非営利活動法人　わ・輪・Wa 尼崎　代表（社会福祉士）	単元1（p.16）
永坂 美晴	兵庫県／医療法人社団　弘成会　望海在宅介護支援センター　センター長	単元4　単元6 参考資料
荻田 藍子	兵庫県／兵庫県社会福祉協議会　社会福祉研修所第一部　副部長	副編集委員長
上野 武利	兵庫県／西宮市社会福祉協議会　共生のまちづくり課　課長	単元1　単元2 参考資料
佐藤 寿一	熊本地震・共同支援ネットワーク　幹事 兵庫県／宝塚市社会福祉協議会　常務理事・事務局長	単元5　参考資料
和田 昇	兵庫県／宝塚市社会福祉協議会　企画経営部権利擁護支援課 　　　　　　　　　　安倉南身体障害者支援センター　所長	単元5
山本 信也	兵庫県／宝塚市社会福祉協議会　地域福祉部地区担当課　課長	単元5
常岡 良子	兵庫県／宝塚市社会福祉協議会　企画経営部権利擁護支援課 　　　　　　　　　　せいかつ応援センター　所長	単元5
藤森 成美	兵庫県／宝塚市社会福祉協議会　地域福祉部地区担当課 　　　　　　　　　　生活支援コーディネーター	単元5
小前 琢哉	兵庫県／三田市社会福祉協議会　総合相談支援センター　課長	参考資料
凪 保憲	熊本地震・共同支援ネットワーク　幹事 兵庫県／淡路市社会福祉協議会　事務局次長	
岩城 和志	兵庫県／淡路市社会福祉協議会　参事　生活困窮者自立支援事業　主任相談員	参考資料

編集委員会事務局

高木崇衣／小野寺知子／田所英賢／橋本泰典／二瓶貴子

被災者支援・地域生活支援のための
サポーターワークブック【初任者用演習テキスト】第3版

発行日	2011年10月26日　初版第1刷		2016年10月　5日　第3版第1刷	
	2012年　6月18日　第2版第1刷			
	2015年11月　5日　　　第3刷			
編　者	東北関東大震災・共同支援ネットワーク			
	熊本地震・共同支援ネットワーク			
	サポーターワークブック編集委員会			
発　行	全国コミュニティライフサポートセンター（CLC）			
	〒981-0932　宮城県仙台市青葉区木町 16-30　シンエイ木町ビル1F			
	TEL 022-727-8730　FAX 022-727-8737			
	http://www.clc-japan.com/			

制作　七七舎　　表紙デザイン　石原雅彦
印刷　モリモト印刷株式会社
ISBN978-4-904874-51-6

【本書の無断複写は著作権法上の例外を除き、禁じられています。】
＊落丁本・乱丁本はお取り替えいたします。

「被災者」が「地域住民」に戻るこの時期に、求められる支援とは何か？

東日本大震災・被災者支援のための

サポーターワークブック
【災害公営住宅等への転居期編】

本書は、「仮設住宅および災害公営住宅など、被災地で被災者の生活を支援する人」への研修用テキストです。「サポーターワークブック初任者用演習テキスト第2版」の続編として、特に仮設住宅やみなし仮設住宅（借り上げ賃貸住宅）から災害公営住宅等への転居が始まる時期の支援について学ぶことを目的としています。

災害支援のすべてがわかる!!

- 応急仮設住宅・みなし仮設（民間借上げ）に対応
- 災害時に備えた研修にも活用できます！
- つながりのなかでの個々人の立ち上がりを支援
- サポーターがひとりで抱え込まないための心得

■ 定価： **1,600** 円 + 税　A4版／72頁

■ 編者：東北関東大震災・共同支援ネットワーク
　　　　被災者支援ワークブック編集委員会
　　　　編集委員長：藤井博志（神戸学院大学教授・元兵庫県社会福祉協議会地域福祉部長）
■ 発行：全国コミュニティライフサポートセンター（CLC）

※一般書店でご購入の場合は、[ISBN978-4-904874-21-9]をお申し付けください。

- 20冊以上ご購入で10%引き！
- 50冊以上ご購入で20%引き！！

【本書を活用した研修カリキュラムと目次】

1日目

あいさつ	研修のねらい、各種制度の理解
● 単元 7	生活と支援活動の移り変わり
● 単元 8	災害公営住宅への転居と支援の方法
● 単元 9	地域での受け入れ態勢をつくる支援の方法
● 単元 10	地域資源を知る・生かす支援の方法

2日目

● 単元 11	住民の見守り・支え合いを進める支援と実際
● 単元 12	事例検討の方法

● 全国コミュニティライフサポートセンター

ご購入・お問い合わせは　TEL　**022-727-8730** まで　│　http://www.clc-japan.com